DISCIPULADO REAL

RELACIONAR   EQUIPAR   AMAR   LIDERAR

By Diego Andrade
Copyright Ampelos Publicações©2015
Todos os direitos reservados

4
ASPECTOS
QUE TRANSFORMARÃO SUA FORMA
DE FAZER DISCÍPULOS

DISCIPULADO REAL

RELACIONAR   EQUIPAR   AMAR   LIDERAR

DIEGOANDRADE

Coordenação
Diego Andrade

Revisão
Daniel Soares
André Matias

Capa e Projeto Gráfico
Mountain Studio

Diagramação
Michele Araújo

Discipulado Real

Diego Andrade

© 2015 Ampelos Publicações

Primeira edição - 2015

Todos os direitos reservados por
Ampelos Publicações

contato@ampelos.com.br
www.ampelos.com.br

Nenhuma parte deste livro poderá ser reproduzida sem permissão por escrito, exceto para breves citações, com indicação da fonte.

Exceto em caso de indicação em contrário, todas as citações bíblicas foram extraídas da Bíblia Sagrada Edição Revista e Atualizada, 2ª edição, de João Ferreira de Almeida (RA), © 1993, Sociedade Bíblica do Brasil. Todos os direitos reservados.

Dados Internacionais de Catalogação na Publicação (CIP-Brasil)

Andrade, Diego
Discipulado Real, Diego Andrade
Belo Horizonte: Ampelos Publicações, 2015
ISBN: 978-1-939861-22-1
1. Vida Cristã. 2. Espiritualidade I. Título

AGRADECIMENTOS

À minha esposa, Bruna, que se doa diariamente para que eu dedique minha vida ao aprendizado da liderança: você, Bruna, é uma inspiração diária de mudança e de crescimento para minha vida. À minha mãe, Denise, que formou em mim a base de tudo que sou; incentivou-me e sempre esteve ao meu lado. Ao pastor Marcelo Almeida, que é uma fonte de inspiração com sua fome pelo propósito de Deus. E ao pastor Márcio Alves, que investiu em mim, deliberadamente, sem qualquer garantia de retorno; você marcou minha vida, pastor Márcio! Amo vocês de uma forma especial!

NOTA DO EDITOR

Costumo dizer que há livros e livros. Isso acontece porque nem todos os que se aventuram à arte de escrever conseguem trazer às páginas a realidade daquilo que lhes povoa o coração. Isso é comum, pois a escrita é um tear complexo e exige meandros muito além do organizar as palavras numa sintaxe formal. Um dos grandes problemas que temos com os livros publicados hoje é a repetição exaustiva de conteúdos. Há momentos em que temos a impressão de que muitos copiam todos ou que todos repetem o que muitos têm dito. A verdade é que essa é uma arapuca matreira, difícil de se sair dela. Todavia, há aqueles que, de repente, resolvem cavar uma mina nova e, porventura, encontram jazigos escondidos. Gosto do texto de Mateus que diz que todo escriba que se fez discípulo do reino dos céus é semelhante a um homem, proprietário, que tira do seu tesouro coisas novas e velhas. Acredito que o Diego Andrade é como um destes, pois ele conseguiu retirar de seu tesouro um assunto velho, mas que chega a nós com cara e cheiro de coisa nova.

É fato que já li muito sobre discipulado, principalmente por estar em uma igreja em células. Esse é nosso trabalho diário e constante, portanto, lemos sobre isso. Confesso que muito do que li não deixa de ser uma retomada daquilo que sempre se fala em livros do assunto. Quando recebemos a proposta de editar este livro, de repente, pensei que teria, outra vez, o discurso metódico sobre o discipular seguido de uma série de recomendações, coisa típica de manuais para quem deseja ser um exímio discipulador. Bem, não que este livro deixou de trazer dicas importantes, contudo, de modo algum, poderia recorrer a ele como se fosse um mero manual. O fato é que "Discipulado R.E.A.L." vai muito além de tudo aquilo que lemos ou temos sobre o assunto.

Primeiramente a linguagem; aqui, nada de formalismos rebuscados ou uma análise altamente teológica para discutir a "exegese" dos fatos. O autor é direto, preciso e obliquamente objetivo. É certo que todo seu escrito está fundamentado na

Palavra, mas, também, é fato que sua experiência e realidade quanto ao discipular e ser discipulado sustentam com veemência cada linha aqui escrita. O texto é denso de vida; por vezes, a motivação é tamanha que os olhos não querem esperar a próxima linha. Se você for um apaixonado pela visão celular e discipulado, certamente, será abraçado por cada instância desse material.

Em segundo lugar, a simplicidade em que o assunto foi posto. Achei brilhante o acróstico formado pela palavra REAL. Nele, foi trabalhado a ideia de Relacionar, Equipar, Amar e Liderar; quatro pilares fundamentais para todos nós que lideramos ou desejamos liderar. Numa jogada de mestre, nosso jovem autor consegue comprimir nessas páginas princípios inegáveis e impossíveis de serem abandonados por um discipulado. Esses quatro verbos descortinaram caminhos que, para muitos, têm sido turvos, sombrios e altamente desafiador. Embora seja, realmente desafiador, não podemos negar que discipular alguém deveria ser algo natural de cada crente, como tratado belamente neste livro.

Em terceiro e último lugar, gostaria de destacar o peso espiritual deste volume. Acho isso interessante em livros. É notório quando coisas são escritas unicamente como resultado de um processo mental; é lógico que todo texto resulta de um processo de pensamento, mas isso não significa que deve ser a única coisa envolvida em sua escritura, principalmente quando se trata de um material para equipar a igreja do Senhor Jesus. Acredito que livros para a edificação da igreja precisam trazer consigo a força e a presença espiritual necessárias para endossar o escrito segundo a realidade proposta pela Palavra de Deus. Ao falar sobre discipular, Diego Andrade conseguiu alcançar tamanha espiritualidade. A impressão que se tem ao ler muitas dessas páginas é a de que o próprio Senhor assinou algumas de suas linhas. Fiquei impressionado com essa solidez causada pela presença de Deus enquanto lia e editava este livro.

Creio que "Discipulado R.E.A.L." seria um dos livros indispensáveis na estante de cada líder. Para mim, diria que todos os que desejam peregrinar na jornada maravilhosa apresentada por Cristo em ir e fazer discípulos das nações deveriam ler e se embrear nas páginas deste material. Como sugere o autor, este livro é para estudarmos juntos em nosso discipulado, aplicando em nossa vida prática os fundamentos bíblicos apresentados como instrumentos da realeza; assim, construiremos Relacionamentos saudáveis e profundos,

Equiparemos discípulos exímios ao trabalho de discipular, Amando-os com o amor ágape do Senhor para Liderarmos com excelência em prol do crescimento do reino de Deus, pelo trabalho de edificação de sua amada igreja.

Daniel Aldo Soares

Co-pastor da Videira Inhumas;

Professor Doutor em Educação e Crítica Literária.

Sumário

Introdução 15

Cap. 1 – Começando do início 17

Cap. 2 – R.elacionar 39

Cap. 3 – E.quipar 73

Cap. 4 – Sementes que são entregues a nós 85

Cap. 5 – Aprenda a ser Samuel 101

Cap. 6 – Equipando de verdade 109

Cap. 7 – A.mar 121

Cap. 8 – Aplicando o amor em nossas vidas 137

Cap. 9 – L.iderar 161

Cap. 10 – Mudando a si mesmo para L.iderar 169

Cap. 11 – O poder da atitude 183

Cap. 12 – L.iderar é 191

INTRODUÇÃO

Este livro é para aqueles que têm, em si, o desejo de que seus discípulos cresçam e produzam frutos abundantemente; para aqueles que desejam ver seus filhos espirituais alcançarem vôos mais altos que eles mesmos, os mestres, alcançaram. Escrevo para aqueles que estão dispostos a investir tempo, dinheiro e energia para que outros possam ter seu potencial lapidado, cuidado e elevado ao máximo.

Se você é uma dessas pessoas, das do tipo que deixaram de lado o desejo de serem reconhecidos, que não aceitam ser dominados pelo estrelismo e, portanto, decidiram trabalhar para que outros fossem elogiados e recebessem o reconhecimento ou galardões em seu lugar, digo: este livro é para você.

Espero que nestas páginas fique claro o fato de que é a liberdade, o reconhecimento e o respeito com que lidamos com nossos discípulos que os prenderão a nós. Como líderes, digo, verdadeiros líderes, nosso alvo é entrar e obter a cidadania da mais rica terra encontrada no planeta: o coração do homem. Portanto, precisamos pagar o preço necessário para alcançarmos esse ideal.

Discipular, portanto, não se limita ao "dar ordens" ou ensinar alguém; mas é estimular o pensamento criativo, transferir experiências, educar na arte de influenciar e tocar o coração daqueles ao nosso redor de forma única.

Oro para que nas próximas páginas o desejo de investir e influenciar milhares de vidas possa atingir seu coração como uma flecha, que não possa ser retirada sem levar a própria vida. Que você possa aprender a viver o discipulado REAL, que gera verdadeiros seguidores de Cristo.

Diego Andrade

Capítulo 1

COMEÇANDO DO INÍCIO

Dois mil anos atrás, Jesus olhou para alguns homens e disse: "Siga me." Imagine ser um dos primeiros discípulos de Jesus. Eles eram pessoas comuns, como eu e você. Eles tinham trabalho, família e uma vida social. Nenhum deles esperava que sua vida seria transformada tão radicalmente, pois caminhavam com o próprio filho de Deus. Tudo a respeito de Jesus, seja seus ensinamentos, sua compaixão, sua fé, seu relacionamento com

Deus, sua vida, morte e ressurreição transformariam cada aspecto de suas vidas para sempre.

A palavra "discípulo", usada para descrever os seguidores de Jesus, aparece centenas de vezes no Novo Testamento. É interessante observamos que essa palavra é muito mais usada que as palavras "*cristão*" ou "*crente*".

Em qualquer segmento religioso, um discípulo é uma "*pessoa que segue os ensinamentos de um mestre*". Basicamente, um discípulo é um seguidor, mas apenas se tomarmos o termo seguidor como literal. Um discípulo, nos dias de Jesus, deveria seguir seu rabbi (que significa professor, mestre) aonde quer que ele fosse, aprendendo com seus ensinamentos e sendo treinado para fazer o que o rabbi fazia. É impossível ser discípulo de alguém e não se tornar como aquela pessoa. Jesus disse "*Um discípulo não está acima de seu mestre, mas após ser treinado, ele será como o mestre*" (Lucas 6:40).

Nosso mestre é o próprio Jesus, e não poderíamos ter modelo melhor a seguir. Ele transformou a humanidade através de um modelo de relacionamento que chamamos, hoje, de discipulado. Jesus caminhou lado a lado com seus discípulos durante três anos e ali transferiu identidade, força, caráter, fé, ideologia, visão, estratégias e um grande projeto existencial.

Nada disso aconteceu em salas de aula nem com discursos sem atitudes, mas com um estilo de ensino que é uma das coisas mais valiosas que temos no cristianismo: o discipulado, uma unidade formada por discípulos e mestre, vivendo juntos por um propósito de ensino e aprendizado. Um discípulo, portanto, é aquele que segue um mestre, sendo dele um aluno. Todavia, não podemos restringir esse conceito à nossa compreensão de ser aluno hoje, pois o discipulado envolve transferência de valores. Ainda, vale ressaltar que os valores ensinados e aprendidos no discipulado exigem ser vistos na vida prática daqueles que discipulam.

Os discípulos de Jesus, por exemplo, foram muito impactados pelas palavras do Senhor, todavia, o impacto maior recebido foi pela autoridade com a qual Ele falava e pelas atitudes que acompanhavam seus discursos. Jesus ensinou a curar, curando; ensinou a perdoar, perdoando; ensinou a orar, orando; e combateu o ódio, amando. Ele foi o mestre inesquecível, insubstituível e irrepreensível.

Mais que professor e aluno, mestre e seguidor, o discipulado fala de transferência de um estilo de vida em que nos dedicamos a investir em outros. E fazemos isso porque cremos que nosso mestre assim viveu e, por essa causa, morreu.

Jesus, o mestre dos mestres

Jesus, aproximando-se, falou-lhes, dizendo: Toda a autoridade me foi dada no céu e na terra. Ide, portanto, fazei discípulos de todas as nações... —
Mateus 28.18

Após sua ressurreição, Jesus reencontrou com seus discípulos. Ele ainda precisava instruí-los sobre o que fazer daquele momento em diante. A igreja já estava estabelecida, todavia faltava aos discípulos compreenderem os próximos movimentos, agora, com a presença do Mestre através do Espírito Santo.

Nessa nova etapa de relacionamento entre os discípulos e o Senhor, Jesus iniciou seu discurso e direção de forma extraordinariamente marcante, disse: *"Toda a autoridade me foi dada no céu e na terra"*. Em outras palavras, falava: *"Eu tenho autoridade, e estou com vocês!"* Após essa proclamação, Jesus lhes disse: *"Ide, portanto, e fazei discípulos de todas as nações"*. Interessante que a direção do "ide" veio respaldada com a proclamação de sua autoridade. Por causa da autoridade que Ele havia recebido do Pai, Jesus pôde enviar seus discípulos para fazerem discípulos.

Assim, podemos estar certos de que nossa base para fazer discípulos parte da autoridade que está em Jesus. Nossa autoridade para desenvolver um discipulado verdadeiro e consistente vem, diretamente, do Senhor e, por Ele, somos capacitados para executarmos tamanha obra. Assim, ao fazermos discípulos, seguimos as ordens do Mestre, sua direção e o comando que veio dEle, tudo isso respaldado de sua autoridade.

> Mais que professor e aluno, mestre e seguidor, o discipulado fala de transferência de um estilo de vida em que nos dedicamos a investir em outros.

Se nos atentarmos a essa escritura bíblica, perceberemos algo próximo do incrível, que foi o fato de nenhum dos ouvintes tê-lo questionado coisas do tipo: "como?", ou "onde?", ou "de que maneira?". Houve uma tranquilidade na receptividade dessa direção, pois não havia nada diferente, inesperado ou complicado nela. Os discípulos simplesmente ouviram e entenderam; receberam aquelas palavras e se posicionaram para a tarefa.

Todavia, essa tranquilidade em receber uma direção de Jesus nem sempre havia sido comum entre os discípulos do Senhor. Se tomarmos o texto de

> **Nossa autoridade para desenvolver um discipulado verdadeiro e consistente vem, diretamente, do Senhor e, por Ele, somos capacitados para executarmos tamanha obra.**

João 14, encontraremos uma reação totalmente diferente dos discípulos ao terem ouvido do Senhor: *"Vocês conhecem o caminho para onde vou"*. A situação ficou tensa; antes mesmo de Jesus terminar sua fala, os discípulos logo se manifestaram: *Mestre, não sabemos não! Na verdade não temos nem ideia pra onde você vai, como vamos saber o caminho! Como assim "vocês conhecem o caminho"? Vamos conversar aqui, porque não sabemos de caminho nenhum* (ver João 14:5).

Entretanto, em Mateus 28, ao dizer, *"ide e fazei discípulos..."*, não houve qualquer tipo de questionamento, nem dúvida, nem nada! Os discípulos, diante de seu Mestre ressurreto, não tiveram dúvida do direcionamento dado por Jesus, tampouco da autoridade que estava sobre Ele. A direção foi clara e simples. Mas, por que aceitaram a tarefa com tranquilidade e paz? Porque na verdade, eles haviam sido treinados para isso; eles haviam passado por um curso intensivo, em um "PHD" na "arte de fazer discípulos" com o melhor dos professores:

Aquele que foi ungido para multiplicar o sistema de discipulado em uma escala mundial, Jesus.

Não foi novidade

Eles haviam passado por um discipulado. Eles sabiam quão prazeirosa havia sido a caminhada com Cristo e a oportunidade que agora teriam de multiplicar aquele processo. Se lembraram dos momentos de aprendizado, das mensagens maravilhosas, do estilo de vida simples e poderoso de Jesus; se lembraram dos três anos de discipulado.

Um discipulado que havia transformado a vida de cada um deles mais drasticamente que qualquer outra coisa nunca perderia seu sabor. Nada mais traria relevância e significado para nenhum deles, a não ser seguir os passos do discipulador Jesus.

Fazer discípulos: multiplicar a liderança, a paixão e a visão de Cristo se tornou a base de suas vidas, o foco de cada um deles. A direção de Jesus seria seguida pelos próximos anos de suas vidas, e isso construiria a história da igreja e mudaria a da humanidade. Nada mais seria o mesmo: culturas seriam atingidas e impactadas; milhões de pessoas teriam seu caráter transformado pelo efeito desse discipulado; ainda, outros milhares deixariam tudo para seguir esse modelo.

É fato que o discipulado de Jesus mudou a história dos homens, mas todas essas coisas somente foram possível porque, primeiramente, houve um grupo de homens e mulheres que aceitaram abandonar suas vidas, radicalmente, para serem discípulos e discípulas dos Senhor.

Primeiro filhos, depois pais

No ano de 2014, vivi, pela primeira vez, a incrível experiência de ser pai. Minha filha, Nicole, nasceu em janeiro daquele ano, sendo recebida por nós com um amor inexplicável após nove meses de expectativa. Como é maravilhoso ser pai! É extraordinária a sensação de ter alguém que você gerou e que agora depende de você para crescer e se desenvolver. É um amor que não pode ser explicado! Mas sei que você já ouviu tudo isso.

Desde a infância, crescemos ouvindo nossos pais dizerem: "Você vai entender isso quando for pai" ou "Quando for mãe, você vai conhecer o que é passar por isso". Frases assim nunca fizeram tanto sentido para mim quanto agora, quando vejo que realmente há muitas coisas que nós só entendemos quando nos tornamos pais. A verdade é que coisas assim são impossíveis de serem transmitidas através de livros, ensinamentos ou ministrações; são experiências que só podem ser aprendidas se vividas.

Mas há outra frase, com igual importância, que ouvi muito e que precisa ser entendida: "Você primeiro precisa ser filho, para depois ser pai". Isso faz todo o sentido no mundo natural. Afinal, ser filho faz parte de nossa existência. Para crescermos e nos tornarmos adultos, primeiramente, somos crianças. Somente depois de nosso crescimento que temos a oportunidade de sermos pais. É fato que há muitos que crescem órfãos devido a tantos percalços da vida, todavia, também é verdade que, de um modo ou outro, todos nós passamos por um processo de educação; seja em casa, na escola, em orfanatos ou nas ruas.

No mundo espiritual, essa verdade é, ainda, mais real. Não é possível sermos um pai espiritual se nunca formos um filho espiritual de alguém. Saliento, ainda, que não podemos ser filhos de qualquer jeito, mas, sim, bons filhos. Em outras palavras, se quisermos ser discipuladores, precisaremos, primeiramente, aprendermos a ser discípulos. Se você não aprendeu a ser discípulo, não saberá ser um discipulador.

Essa verdade é tão básica quanto negligenciada. Você pode tentar ser o melhor pai do mundo para

> **Não há nada de errado em ser um seguidor, isso faz parte da vida, faz parte do crescimento e desenvolvimento do complexo *ser humano*.**

muitas pessoas, mas se não tiver sido um bom filho, não espere ter muito sucesso como pai. Portanto, atente-se à sua vida enquanto suas atitudes de discípulo; elas determinarão sua identidade de discipulador. Foi assim desde o princípio, os discípulos de Cristo tiveram que responder como filhos para, então, receberem a direção de serem pais. Eles tiveram que caminhar, reconhecer, obedecer, amar o relacionamento, mesmo quando isso exigia que eles saíssem de suas "zona de conforto". Jesus sempre os desafiou a amar os inimigos, os que os perseguiam, os que lhes tomassem a túnica e, constantemente, insistia no negar a si mesmo.

Todos somos seguidores, em algum momento. Assim, começamos nossa vida seguindo aqueles que, por algum motivo, alcançaram nossos corações e despertaram nossa confiança a ponto de nos influenciarem. Enquanto cresce, por exemplo, uma criança, ainda bebê, procura repetir as ações de seus pais. Tanto a fala quanto o ato de caminhar são exemplos dessas repetições. No início, é um som gutural aqui ou uns passos desordenados ali, mas, com o passar dos anos, depois que essas crianças já são um tanto maiores, via de regra, ouve-se: "Nossa, 'fulano de tal' caminha exatamente como o pai" ou, ainda, "você viu como 'beltrana' fala exatamente como a mãe"? Isso é natural, saudável e deve acontecer num relacionamento espiritual de discipulado. Paulo escreveu: *"sede meus imitadores"*. Não há nada de errado em ser um seguidor, isso faz parte da vida, faz parte do crescimento e desenvolvimento do complexo ser humano.

Na igreja atual, esse tem sido um de nossos erros: pensamos que podemos gerar discípulos sem reconhecer aqueles que nos geraram. Queremos ser pais sem, antes, sermos filhos.

Talvez esse seja seu erro hoje. Quem é o seu modelo? Antes de tudo, antes de falarmos de como ter um discipulado R.E.A.L, quero lhe perguntar: Você é filho de quem? Como foram suas atitudes nessa relação de pai e filho com seu discipulador, pastor ou mentor? Quais foram suas respostas? Você os honrou de coração?

Essas perguntas precisam ser respondidas dentro de cada um de nós para que possamos prosseguir com o alvo de fazer discípulos, porque é certo que ninguém veio do nada; você é fruto de alguém. Precisamos reconhecer e honrar nossa filiação, e não enterrar nossos pais

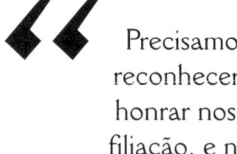

> Precisamos reconhecer e honrar nossa filiação, e não enterrar nossos pais espirituais no esquecimento como muitos têm feito.

Quando não reconhecemos aqueles que vieram antes de nós, estamos matando nossas raízes. Jogando fora tudo o que foi investido. Você precisa reconhecer, verdadeiramente, todos que investiram em sua vida, todos que falaram ao seu coração. Você precisa se reconhecer como filho, e só então estará apto a ser um bom pai.

O discipulado de Jesus

Não ensinará jamais cada um ao seu próximo, nem cada um ao seu irmão, dizendo: Conhece ao Senhor, porque todos me conhecerão, desde o menor até ao maior deles, diz o Senhor. Pois perdoarei as suas iniquidades e dos seus pecados jamais me lembrarei. — Jeremias 3:34

O profeta Jeremias, inspirado pelo Espírito Santo, nos deixa uma mensagem que é, no mínimo, intrigante. De uma forma mais clara ele nos diz:

"Todos me conhecerão! Uau! Todos! Desde o menor até o maior, desde o menos importante (para a sociedade) até o mais importante, todos, sem exceção me conhecerão".

Com essas palavras, Deus estava deixando claro que a nova aliança traria algo que nunca havia sido visto em nenhum outro lugar na Bíblia, que é um relacionamento entre Deus e todo o povo. Não apenas o profeta, não apenas o rei e o sacerdote conheceriam e se relacionariam com Deus, mas todos teriam esse privilégio.

A frase "me conhecerão" não apenas fala de conhecer superficialmente, mas de ter uma "experiência pessoal" com o Senhor. Que grandeza! Que poder! Que extraordinário é quando entendemos essa promessa!

Quando os discípulos caminhavam com Jesus, mesmo sem ter tal entendimento, eles andavam com o próprio Deus. Cada frase, cada atitude, cada decisão, cada momento era um momento na presença do próprio Deus. Jesus disse várias vezes, mas o povo não podia compreendê-lo: *"as palavras que vos digo, não as digo de mim mesmo. As obras que eu faço, é o Pai que faz em mim. Não faço o que quero, não digo o que quero, não tomo minhas decisões, mas o Pai, o faz em mim."*

Caminhar com Cristo era caminhar com Deus; era conhecê-lo. Ter uma experiência pessoal com Cristo era conhecer e ter uma experiência pessoal com o próprio Deus, o criador e autor das alianças! Ao escrever essas coisas, fico emocionado por ver a bondade e a grandeza do nosso Deus, de como Ele é rico em misericórdia e graça, pois quando ainda éramos pecadores, Ele veio para um relacionamento pessoal e profundo conosco. Por isso, a Bíblia diz: "*Todos me conhecerão ... e eu perdoarei os seus pecados ...*" (Hebreus 8:11-12). Essa era a base do discipulado de Jesus: um relacionamento pessoal e profundo, em que os pecados e as iniquidades eram perdoadas. Assim, Ele os conquistou; assim Ele os influenciou; assim Ele mudou a história, os parâmetros, os pensamentos e o propósitos de cada um daqueles discípulos.

O discipulado de Jesus transformou homens comuns em "Fazedores de História"; transformou anônimos em homens e mulheres que fizeram a diferença em suas gerações! Quanto mais se relacionavam, quanto mais caminhavam juntos, tanto mais viam viam a graça, o amor, a benignidade, e isso os mudava *dia a dia*; esse poder transformador que era comunicado e transferido através de relacionamento, acompanhamento e compartilhamento de vida tocava cada um deles de tal forma que lhes era impossível voltar atrás. Seria impossível não seguir tal força divina e curadora.

> "O discipulado de Jesus transformou homens comuns em "Fazedores de História";

Os discípulos não foram transformados apenas pelas mensagens que Jesus pregou, mas foram mudados, impactados, regenerados e fortalecidos pelo dia a dia do discipulado. As atitudes de Jesus, tão quanto, ou mais que suas palavras, foram fundamentais para impactar profundamente a vida de cada um daqueles que havia deixado tudo para segui-lo. Caminhar com o Mestre era ver Deus em ação. O dia a dia com Cristo revelava misericórdia sem fim, amor sem limites e sabedoria que excede qualquer um de sua época ou das que ainda viriam, afinal, Ele é a expressão exata do Pai!

E como foi esse discipulado? Como foi esse relacionamento? Como foi essa caminhada de três anos juntos? Isso é o que precisa estar no nossos corações quando pensamos em fazer discípulos. É muito mais que apenas liderar alguém e dar direções; muito mais que tentar mandar nos outros e usá-los como trampolim para crescimento próprio, pessoal e individual. O discipulado R.E.A.L envolve seguir o tipo de discipulado da maneira de Deus. Entender o discipulado com Jesus é entender o discipulado da maneira de Deus; é *entender* o estilo de Deus de discipular e de transformar vidas, e esse, com toda certeza, precisa ser o nosso alvo diário.

Deus envia filhos quando encontra pais

Há outro princípio que precisamos compreender e, a partir dele, poder fazer uma análise de nós mesmos; este é: Deus só envia filhos quando Ele encontra pais, e isso quer dizer que se você não está gerando filhos, é porque, talvez, ainda não tenha se posicionado como pai.

Antes de gerar um filho, o pai sonha com ele, deseja-o ardentemente, planeja-o no Senhor, e tudo isso motivado pelo amor de cuidar, educar e fazer o filho crescer para ser uma bênção! Entretanto, sabemos que muitos querem gerar para encher planilhas e relatórios, testificando o crescimento de sua "liderança". Ainda, quem sabe, há os que querem discipular apenas para usar e manipular alguém; esse não é o desejo de Deus!

O desejo de Deus é *usar você* para fazer com que outros cresçam e avancem. Veja bem o que é ser um pai: é investir e dar tudo o que tem aos filhos!

Um pai devota tempo, dinheiro, energia, noites de sono, oração, ensino de princípios norteadores da vida e

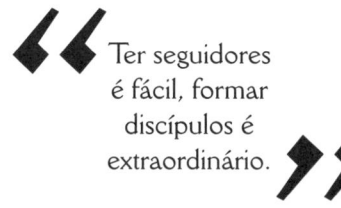

> "Ter seguidores é fácil, formar discípulos é extraordinário."

muitas outras coisas aos seus filhos. Da mesma forma que Deus se apresenta como pai, precisamos nos apresentar como pais aos que caminham debaixo de nossa autoridade. Se você quer ser um pai espiritual, precisa se espelhar no Senhor, pois Ele deu tudo por nós, inclusive sua própria vida.

Portanto, é para investir em vidas que discipulamos; e quanto mais fazemos isso, mais avançamos em nossa liderança e discipulado; mais as pessoas avançam em suas vidas, e mais a obra de Deus se torna firme e consistente. E o contrário também acontece; quando não investimos e queremos "tirar" de nossos discípulos, a obra de Deus enfraquece e o discipulado se torna cansativo e penoso.

Formar discípulos requer suor, perseverança, planejamento a longo prazo e adiar pequenas doses de prazer hoje para abraçar o resultado amanhã. Implica em perdas, pois é necessário perder o supérfluo para ganhar o duradouro; também exige disciplina e dedicação, pois o processo é longo. Ter seguidores é fácil, formar discípulos é extraordinário.

Tomar é a vertente de Satanás, e dar é a vertente de Cristo. Satanás quer estar no controle de tudo, quer ser o centro dos investimentos e das atenções; ele quer que tudo gire ao seu redor. Esse é o inverso de Cristo, pois a Bíblia diz que Ele os amou, investiu, se deu e fez isso até o fim. Portanto, precisamos gerar em nós um coração doador, um coração de pai. Isso abrirá as portas dos céus para que possamos fluir em um discipulado R.E.A.L.

Experiências que ensinam

Olhar para trás e analisar como fomos discipulados, e se o fomos, são boas estratégias. Boas porque podemos repetir os acertos e nos empenhar para não repetirmos os erros. Nenhuma experiência em nossa vida deve ser nula, precisamos extrair algo útil de tudo o que experimentamos. Aqui não é o momento de julgar e se remoer pelos erros que quem discipulou você cometeu, afinal, só é possível dar aquilo que temos e, provavelmente, você recebeu o melhor que seu mentor teve. Não foi suficiente? Houve falhas? Não se preocupe, de uma forma ou de outra Deus usou essa experiência para ensinar e moldar seu caráter.

Mas comece, então, a se lembrar de pessoas que mudaram sua vida; pessoas que marcaram sua história e trajetória. Não estou falando de pessoas que apenas investiram em você uma única vez e que se foram, estou falando daqueles que se mantiveram ao seu lado em momentos bons e ruins também, que o fortaleceram quando preciso e o corrigiram quando necessário. O que foi criado? O que foi o mais importante? Certamente, o mais importante foi o *relacionamento* que desenvolveram.

Cada crise, cada momento difícil e, também, os engraçados geraram um tipo de conexão entre vocês que nada pode apagar. E isso foi criado com o tempo, com o caminhar juntos, com a decisão de se manterem firmes e vários outros aspectos. O mesmo ocorreu com Jesus; mais do que tudo, Ele se relacionou com cada um de seus discípulos! Eles não foram gerados em três semanas, mas em três anos! E não apenas três anos de aula, mas três anos de convivência, de caminhada, de exposição da personalidade e do caráter de cada um. Isso sim é um relacionamento firme. Se quisermos entender discipulado, se quisermos desenvolver algo verdadeiro, precisamos aprender a nos relacionar.

A falta de um discipulado consistente e prático, focado no relacionamento, tem trazido prejuízos enormes às nossas igrejas. Famílias têm sido destruídas, pois nossos filhos não aprenderam a se doar em

> **Se quisermos entender discipulado, se quisermos desenvolver algo verdadeiro, precisamos aprender a nos relacionar.**

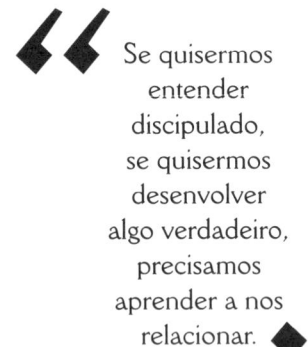

favor dos outros, a investir em gente sem esperar lucro e a olhar para o próximo como Cristo olhou. Não sabem chorar com os que choram nem participar das dificuldades dos mais fracos e menos favorecidos. Não estão dispostos a se unirem aos menores para transmitirem a eles conhecimento e habilidades que não aprenderão sozinhos. Não se dedicam uns aos outros e, muitas vezes, nem participam de determinadas atividades se a tarefa não traz lucros e dividendos. Na sociedade das redes sociais, ninguém procura estabelecer relacionamentos reais e, sem relacionamento, não há discipulado.

Aqueles que verdadeiramente desejam ser discípulos e discipular outros não podem ser pessoas que só conseguem pensar em si mesmos ou no próprio umbigo. Relacionamento envolve entrega, dedicação e esforço. Não podemos nos esquecer de que o autor e consumador da nossa fé, Jesus Cristo, nasceu e morreu, não em seu próprio benefício, mas em benefício de muitos que nem mesmo o reconheceriam como Filho de Deus.

As pessoas que só sabem passar ordens, ler e impor manuais de regras, geralmente, não conseguem enxergar as habilidades dos outros; pessoas assim estão sempre apontando as falhas de seus liderados, por tais motivos,

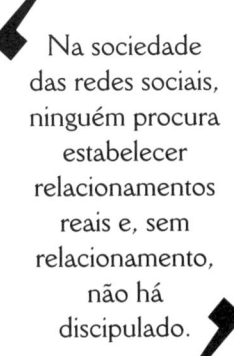

> Na sociedade das redes sociais, ninguém procura estabelecer relacionamentos reais e, sem relacionamento, não há discipulado.

creio que essas pessoas não amam a arte de discipular nem de investir; são meramente gente que deseja impor ideias pessoais, por não saber como as expor de maneira clara e saudável. Infelizmente, agindo pela imposição, não conquistam, de forma verdadeira, o coração daqueles que são o alvo do investimento; estão bem encaminhadas no processo de ter "seguidores", mas bem longe da alegria de formar líderes eficazes.

Não existe discipulado verdadeiro sem um relacionamento verdadeiro e, por isso, esse é o primeiro fundamento do discipulado R.E.A.L que trabalharemos: R.ELACIONAR. Essa é a base e a essência de um discipulado; sem isso não podemos progredir; sem essa base não podemos E.QUIPAR de forma efetiva. Se não temos um relacionamento verdadeiro, também, não podemos A.MAR como Cristo amou e, definitivamente, sem esses três fundamentos, não seremos capazes de L.IDERAR nada nem ninguém. Qualquer discipulado que falte relacionamento, investimento, amor e liderança não deveria nem mesmo ser chamado de discipulado. As pessoas que estão perto de nós devem receber cada um desses aspectos intensivamente. Isso é investir, isso é se dedicar e entender que não vivemos para nós mesmos. O que queremos é compartilhar ferramentas, propósito existencial e sonhos divinos. Queremos nos entregar ao máximo e ver esse esforço transformando aqueles que estão ao nosso redor. Isso é ser pai, isso é fazer discípulos.

Capítulo 2

R.ELACIONAR

Um ser relacional

Deus nos criou para relacionamento. Não nascemos para caminhar sozinhos, não nascemos para sermos autossuficientes. Alguns animais passam toda a vida sozinhos, mas esse não é o propósito de Deus para nós humanos. Você e eu fomos criados e equipados para vivermos em comunidade, para nos relacionar com outros e crescermos em relacionamento. Precisamos compreender que essa é a vontade de Deus, e Ele a expressa de várias formas.

Em Gênesis, lemos que quando Deus decidiu criar a terra Ele disse: "Façamos…" Deus Pai, Deus Filho e Deus Espírito Santo! Isso nos fala de relacionamento, nos fala de unidade, nos fala de equipe, de time, de família, de comunidade e de comunhão. Nosso criador é pró-relacionamento, Ele se relaciona e foi relacionando que Ele nos criou.

O primeiro e mais importante relacionamento para o qual fomos criados é o relacionamento com o próprio Deus. Por que enviar seu filho para nos salvar e poder morar dentro de nós? Porque Ele é um ser relacional. Ele quer desenvolver um relacionamento profundo comigo e com você. Ele quer se envolver em nossos projetos, ouvir o que temos para dizer, chorar quando choramos, e nos consolar quando for preciso.

Como Deus não é um ser unitário, mas triuno, Ele é dependente de seu Filho e do Espírito Santo. Nós fomos criados à sua semelhança, o que nos leva a compreender que também somos, completamente, dependentes de nos relacionar com outro ser humano, desde o nosso nascimento. Se um bebê não for cuidado por alguém, ele morre. Ele não poderá crescer nem se desenvolver sem que alguém se relacione com ele, ajudando-o, cooperando com ele, alimentando-o e o ensinando a se vestir, além de todas as outras coisas básicas da vida. E como isso acontece? Essas coisas acontecem através de um relacionamento com a família e com a comunidade em que nascemos e vivemos.

Em todo Novo Testamento vemos que fazemos parte de um corpo; fazemos parte de algo maior e, se tem uma coisa que nossos membros precisam fazer, é relacionarem-se. As pernas precisam do cérebro que utiliza os olhos e depende dos pés. Se nossos membros não estiverem em sintonia uns com os outros, nosso corpo não funcionará como deveria. Eles precisam se relacionar.

Assim funciona o corpo de Cristo, somos membros desse corpo, e precisamos muito uns dos outros. Não podemos dizer que, sozinhos, somos capazes de avançar; na verdade, não somos, não podemos e não devemos. Precisamos caminhar em harmonia uns com os outros. O livro de Atos ressalta essa verdade algumas vezes, que o povo tinha uma só mente e um só coração. Eles estavam unidos, estavam juntos e se relacionavam com graça.

A igreja primitiva

Suponhamos que fizemos uma viagem de volta aos tempos da igreja primitiva. Parando na igreja de Éfeso, imaginemos a conversa que poderíamos ter:

- Boa noite, Áquila! Sabemos que é membro desta igreja. Podemos visitá-la?

- Certamente; entrem.

- Se você não se importar, gostaríamos que nos contasse sobre a maneira que vocês vivem. Lemos que você foi um membro da igreja de Corinto e de Roma, como, agora, também, é membro da de Éfeso. Portanto, você deveria estar bem qualificado para nos contar a respeito do estilo de igreja do Novo Testamento. Se você não se importar, gostaríamos, ainda, de visitar o templo da igreja enquanto estivermos aqui".

- Sentem-se. E, quanto à isso, vocês já estão na igreja. Ela se congrega em minha casa.

- A igreja não possui um templo?

- O que é um templo? Não suponho que temos um. Nossas reuniões, comunhões e conversas são feitas exatamente aqui.

- Diga-me Áquila, essa história de estar muito juntos não desgasta o relacionamento?

- Não entendi sua pergunta, pois, na verdade, isso é relacionamento.

Veja bem: a igreja primitiva compreendeu que seria impossível cumprir o propósito de Deus sem que desenvolvessem a habilidade de estarem juntos, ou seja, sem que se relacionassem com intensidade e

> O primeiro e mais importante relacionamento para o qual fomos criados é o relacionamento com o próprio Deus.

com realidade. Eles aplicavam o que foi ensinado por Cristo, e isso fazia com que tivesse um só coração, um só pensamento! (Atos 4:32) Ali se encontrava a força da igreja; esse era o segredo para que o poder de Deus pudesse operar. A Bíblia nos mostra que eles oravam em unidade e em concordância. Mas só é possível desenvolver isso quando temos um relacionamento verdadeiro, em que consideramos os outros melhores que nós mesmos, e suas dificuldades mais importantes que as nossas.

Somos um corpo! Precisamos estar unidos, ajustados, caminhando juntos, e isso só é possível quando nos relacionamos, quando vivemos e convivemos em unidade com um só coração, um só propósito. Precisamos caminhar em amor, respeito, benignidade, bondade, mansidão e graça. Precisamos falar de forma educada, ajustar as falhas, reconhecer os erros e

> *O discipulado também vai exigir um nível de cruz, de entrega e de renúncia. Mas isso é parte de todo e qualquer relacionamento.*

prosseguir juntos. Essas são características de um relacionamento forte e duradouro.

As crises virão e elas não podem destruir nossos relacionamentos; elas precisam ser armas que usaremos para nos tornarmos mais fortes, mais unidos e com um relacionamento mais profundo. Precisamos passar pelas dificuldades de caminhar com pessoas diferentes de nós, precisamos atravessar as barreiras da personalidade, precisamos superar os traumas da alma e, então, avançar em unidade. Nosso Deus é um Deus relacional, Ele nos criou para que pudéssemos R.ELACIONAR uns com os outros.

Sem isso não há discipulado; sem estarmos perto, sem conhecermos uns aos outros verdadeiramente, sem expormos nossas falhas, não haverá discípulo e discipulador. Quando Deus usa a analogia de família, Ele está falando disso: de estarmos na mesma casa, compartilhando coisas e experiencias, dividindo o mesmo espaço e fazendo isso em harmonia e amor. Numa família pode haver discussões, às vezes. Afinal, somos tão diferentes uns dos outros, mas elas não são para provar quem está certo, mas para que possamos exercer o poder da cruz em nossas vidas e darmos o direito ao outro. Precisamos usar nossas diferencas para nos tornarmos mais profundos em Deus, indo para a cruz e morrendo nela.

O discipulado também vai exigir um nível de cruz, de entrega e de renuncia. Mas isso é parte de todo e qualquer relacionamento. Quando vemos que a igreja primitiva andava em unidade, podemos ter a certeza que nela havia revelação da cruz! Havia entre eles a revelação de entregar tudo o que tinham para viverem para um propósito. Quanto mais cruz, mais forte e seguros são os relacionamentos.

Qual tem sido o seu tipo de relacionamento? Você tem se conectado de verdade aos seus discípulos? Voc tem sido o seu tipo de relacionamento? Você tem se conectado egram? Quem ou o que é o foco nesse relacionamento? Essas perguntas não devem ser respondidas a mim, mas a você mesmo. Isso mostrará o tipo e o nível de relacionamento que você tem desenvolvido.

Quando não nos relacionamos de forma genuína, quando não nos conectamos as dificuldades verdadeiras de nossos discípulos, estamos, na verdade, gerando apenas pessoas que fazem coisas da

> *A pergunta não é se você precisa se relacionar, mas, sim, qual o nível de relacionamento que você tem.*

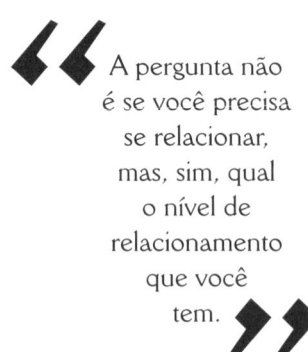

maneira que queremos ou que achamos que deva ser. Mas quando somos capazes de fazer parte da vida delas, quando somos capazes de nos conectar, quando somos capazes de enfrentar crises e sobreviver a elas, então, estaremos gerando filhos verdadeiros.

Todos nós estamos nos relacionando em todo tempo. No trabalho, em casa, com a família, com os amigos e com os discípulos e líderes. A pergunta não é se você precisa se relacionar, mas, sim, qual o nível de relacionamento que você está tendo. Relacionar com seu discípulo não é uma opção, mas uma realidade. Se você possui problemas de relacionamento, precisa começar a mudança hoje, para que esse processo faça com que sua liderança cresça. Busque em Deus, veja em Jesus a resposta para suas dificuldades. Enxergue na Palavra os princípios da cruz, do fruto do Espírito, e do caráter de Cristo.

Os aspectos que escrevo aqui são áreas que Deus tem ministrado em minha vida para minha mudança, para meu crescimento. Sei que se você está lendo este livro, porque, assim como eu, você ama o discipulado e deseja avançar, gerar, cuidar, amando as vidas a serem discipuladas de todo o coração. Portanto, gostaria de compartilhar alguns pontos que podem nos ajudar nessa tarefa de crescer e avançar para termos filhos verdadeiros, para que possamos nos R.ELACIONAR com eles de forma profunda e intensa.

Componentes fundamentais para se R.ELACIONAR de forma eficaz

Tudo aquilo que fazemos na vida dependerá do envolvimento de outras pessoas e, consequentemente, dependerá dos nossos relacionamentos. Sabemos que todo mundo se relaciona, não tem jeito; mas não podemos deixar de considerar que um relacionamento nem sempre é bom, necessariamente. Há relacionamentos muito ruins, todos sabemos disso, o que não nos agrada muito. Portanto, para que um relacionamento seja bom, precisamos caminhar baseados em alguns princípios, sobre os quais falaremos agora. Meu foco será a maneira que você se relaciona com seu discípulo, mas esses princípios podem ser aplicados a todos aqueles que estão ao seu redor.

1) Respeito

Quando falamos de R.ELACIONAR, de modo algum podemos nos esquecer de que todo relacionamento inicia pelo respeito e pelo desejo de valorizar os outros. Lembre-se de que você nunca será capaz de investir em pessoas que você não respeita. Você não poderá desenvolver algo profundo caso você veja essa pessoa como um "zé ninguém"; você precisa valorizá-lo antes de conseguir se relacionar de forma eficaz com essa pessoa.

A questão sobre o respeito é que você precisa mostrá-lo aos outros muito antes de eles o merecerem por terem feito grandes proezas ou apresentado um resultado espetacular sobre alguma expectativa. Devemos respeitar as pessoas pelo fato de elas serem humanas, e não por aquilo que fazem ou deixam de fazer. Infelizmente, temos o costume de respeitar e valorizar aqueles que fizeram ou fazem mais que nós, mas precisamos desenvolver um apreço e um respeito por aqueles que caminham ao nosso lado, pelo simples fato de Deus tê-los colocado nesse lugar. Devemos considerar as pessoas maiores e mais importantes que nós mesmos, isso gera respeito e apreço. Precisamos reconhecer o indivíduo por trás de suas ações, falhas ou acertos. Quando decidimos isso dentro de nós mesmos, estaremos crescendo e avançando nessa área tão importante.

Respeitar as opiniões e pontos de vista

Como é ruim quando encontramos ou andamos com pessoas que não se importam com o que pensamos ou com a forma que vemos as coisas. Pessoas que pensam que sabem tudo e têm a resposta para tudo, ignorando assim a opinião dos outros. Nenhum ser humano gosta de ser ignorado, todos queremos ser ouvidos. Quando não respeitam nossa opinião, quando o que falamos não é nem mesmo ouvido, nos sentimos deslocados e perdemos o interesse na amizade ou no relacionamento. Lembro-me do tempo em que eu estudava: por várias vezes expliquei meu ponto de vista, mas meus professores não me deram a devida atenção, porque eu era apenas um aluno. Todavia, tive professores excepcionais; foram homens e mulheres que respeitaram minhas opiniões e queriam ouvir mais sobre o que eu pensava. Desses, eu me recordo do nome, do rosto e da importância deles em minha vida. Por quê? Pelo simples fato de eles terem me respeitado.

Como você tem agido com aqueles que caminham com você? Você respeita o ponto de vista deles?

> **Meu foco será a maneira que você se relaciona com seu discípulo, mas esses princípios podem ser aplicados a todos aqueles que estão ao seu redor.**

Você os encoraja a pensar ou quer apenas alguém que concorde com suas direções? Provavelmente sua experiência é maior, seu conhecimento é maior e, muitas vezes, você sabe que a opinião e sugestão do outro não dará certo. Entretanto, eles não sabem disso e precisam de espaço para crescerem. Respeite aqueles que o Senhor colocou em seu discipulado, dando atenção ao que falam com você; isso não apaga sua autoridade nem diminui sua sabedoria.

Não queira ser conhecido como alguém que nunca ouviu as ideias de seus liderados, que nunca parou para analisar os pontos de vista de cada um deles. Isso seria terrível e vai detonar seu relacionamento com eles.

A questão da opinião para decidirmos coisas relacionadas à igreja precisa ser tida com seriedade e respeito. Não podemos nos esquecer de que precisamos ser guiados pelo Espírito Santo em todas as coisas. Infelizmente, algumas pessoas, com tendência à superioridade ou primazia, já entram para reuniões a fim de tomarem decisões em conjunto com líderes, mas já trazem todas as ideias formadas, desejando apenas uma aprovação para as pautas trazidas e anteriormente pensadas. Será que todas as pautas de nosso discipulado têm sido realmente

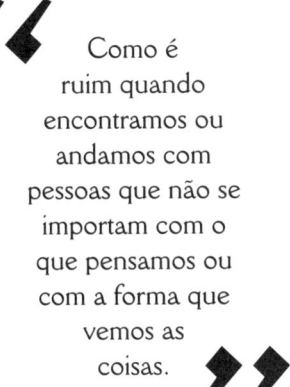

> Como é ruim quando encontramos ou andamos com pessoas que não se importam com o que pensamos ou com a forma que vemos as coisas.

decididas juntamente com cada um de nossos liderados? Ou será que simplesmente conseguimos que nossos líderes concordem conosco devido à posição que assumimos no discipulado?

Há alguns meses decidi fazer uma série de estudos com 4 mensagens para nossa equipe. Mas, após planejar tudo e chamar os líderes para conversar, percebi que não queria a opinião deles; o meu único desejo era que eles apenas concordassem comigo, com minhas ideias. Assim que percebi isso, vi que estava errado e, então, comecei a perguntar-lhes a verdadeira opinião, os pontos de vista sobre o fato, o que eles achavam que poderia ser feito e, até mesmo, o que deveria ser ministrado. De repente, todo discipulado se interagiu e trabalhamos como se fôssemos um; nada diferente do que deveria ser. Queridos, o resultado foi estrondoso! Não consigo pôr em palavras o quão poderoso foi.

Se fosse descrever o processo em que entramos diria que, em primeiro lugar, nossa equipe trabalhou em unidade verdadeira. Um trouxe o tema, outro o nome, eu colaborei com algumas coisas e, no fim, tínhamos 4 semanas planejadas para a igreja. Em segundo lugar, penso que Deus quis me ensinar algo a respeito disso, ou seja, do trabalho em equipe, pois aquelas mensagens realmente tocaram nosso povo! Deus falou muito e ministrou muito ao meu coração em cada culto. Foi demais! Por quê? Porque fizemos juntos! Eu respeitei as opiniões de cada um da equipe.

Assim, a equipe se sente parte do projeto de verdade, afinal, tal projeto foi desenhado e criado por eles. Esse é um princípio fortíssimo para o discipulado; planeje projetos para sua igreja, rede, discipulado ou célula juntamente com seu time; discuta as ideias, deixe que todos façam parte desde o nome e logo do projeto até a conclusão dele. Isso é respeito. Isso é caminhar em unidade.

Outra experiência que tivemos foi quando, durante uma reunião de discipulado, perguntei sobre como eles viam, de forma sincera, o que estávamos fazendo como equipe; porém, deveriam apontar aquilo que não era efetivo, que não estava gerando o resultado desejado. Não é fácil fazer esse tipo de pergunta, não é fácil se abrir para ouvir a opinião de outros, especialmente a respeito do que "você" tem feito.

Após a conversa, de tudo o que conversamos, chegamos à conclusão de que precisávamos mudar o método que usávamos durante a oração com os alunos do seminário todas as manhãs. As orações estavam se tornando mecânicas, sem vida e sem poder. Assim, fizemos o ajuste naquele mesmo momento, criamos uma nova estratégia e tivemos um resultado maravilhoso! No dia seguinte, exatamente, no dia seguinte, vimos o resultado de nossos mudanças e pudemos tanto sentir quanto ver o poder de Deus durante a oração.

Como líderes, precisamos ter o coração ensinável. Precisamos compreender que somos edificados uns com os outros, e isso significa que todos no corpo são usados para ensinar e construir algo de Deus na vida do outro. Infelizmente, há líderes que vivem a síndrome de Adão e acham que podem aprender tudo diretamente e somente de Deus, ou apenas daqueles que estão acima deles em autoridade e posição. Isso não é ter um coração ensinável. Mas Deus sempre trata esse tipo de comportamento, fazendo-nos aprender com outros irmãos e irmãs que não são nossos "superiores". Quem não se submete para aprender com os outros está desqualificado para a liderança, pois um líder verdadeiro, um influenciador verdadeiro, tem o coração ensinável. Se você não aprende nada com seus discípulos é porque não respeita as opiniões deles. Se quer ter um relacionamento verdadeiro, é hora de mudar.

Respeitar as limitações, dificuldades e respostas

Cada pessoa no mundo tem uma história particular e única, formada por sua estrutura biológica, social e cultural. Da mesma forma que uma criança engatinha, anda e fala precocemente ou tardiamente em relação uma das outras, assim, também, somos nós, adultos, em nossas respostas diárias à tudo aquilo que continuamos aprendendo com a vida, com o tempo e com os outros.

Como mentor, precisamos aprender a respeitar as limitações e os avanços de cada pessoa de forma individual. Não podemos nos basear em nossas respostas e exigir isso de outros, não podemos querer que cresçam na mesma velocidade, nem que tenham as mesmas habilidades e os mesmos resultados. Na prática, isso pode não ser fácil, principalmente se você é um líder eficaz e de sucesso. A impaciência é gerada em líderes que não respeitam a velocidade de resposta de seus liderados.

> "Como mentor, precisamos aprender a respeitar as limitações e os avanços de cada pessoa de forma individual."

Você pode matar o relacionamento com seus discípulos com suas exigências loucas! Entenda uma coisa, as pessoas não são nem nunca serão como você! Claro que seu papel é trazer avanço, respostas e crescimento, mas tudo isso precisa ser alicerçado em um relacionamento genuíno e de confiança, que só será gerado quando você respeitar as limitações de resposta de cada um de seus discípulos.

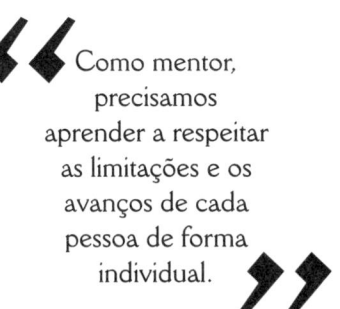

Respeitar as limitações é acompanhar, incentivar, aguardar o tempo de cada um, não pressionar de forma tola, não *"pisar na cana quebrada"* e ser um ponto de apoio, e não de julgo para seus discípulos.

Os primeiros passos da minha filha, Nicole, foram em um dia que estávamos descansando e sentados sobre a grama. Ela começou a se levantar, deu 9 passos bem curtos e caiu novamente na grama, sem qualquer dano. Aquele momento foi de muita alegria; minha esposa e eu comemoramos como se tivéssemos recebido um troféu, afinal, nossa filha estava andando! Pensei comigo mesmo: "Que maravilha! Agora ela deslancha! Vai andar todo dia". Nem sabia eu que estava totalmente errado! Não sei porque, mas ela não quis mais andar; insistia em engatinhar mesmo já tendo tido aquela experiência. Ela havia avançado para uma nova etapa, mas sem qualquer explicação, recuou novamente. Qual foi minha atitude? Mesmo com um pouco de frustração paternal, eu sabia que ela iria, em algum momento, avançar novamente. Não a pressionei, não a comparei com nenhuma outra criança, não joguei na cara dela que ela estava retrocedendo e que precisava andar, pois caso contrário não cumpriria o plano de Deus. Eu, simplesmente, aguardei e continuei a incentivá-la a caminhar, protegendo-a e sendo um porto de segurança. Eu respeitei o tempo, as limitações e as respostas que minha filha precisou dar por si mesma.

Qual é nossa posição quando um discípulo dá dois passos para frente e três para trás? Como reagimos? O que falamos? Qual é a "cara" que você faz, de desânimo? Frustração? Raiva? Ou você se mostra como alguém que estará ali, por ele, independente dos resultados?

Já exigi de pessoas mais do que elas poderiam dar e, também, já exigiram de mim mais do que eu podia dar. O líder sofre, o liderado sofre, e o relacionamento se perde juntamente com o respeito. Precisamos aprender a respeitar as limitações daqueles que caminham ao nosso lado para que nossos relacionamentos sejam melhores. Isso não quer dizer que não vamos investir nem trabalhar com metas de crescimento e avanço; mas vamos caminhar à medida que cada um pode dar, sem destruir as pessoas simplesmente porque não conseguem correr à mesma velocidade que você. Precisamos ouvir de Deus diariamente se quisermos liderar como Jesus. Ele nos guiará ao nível de pressão que trará crescimento, e não derrota aos nossos liderados. Respeite as limitações dos outros, respeite o tempo de resposta de cada um, respeite aqueles que Deus colocou para andar com você, isso é uma liderança vencedora!

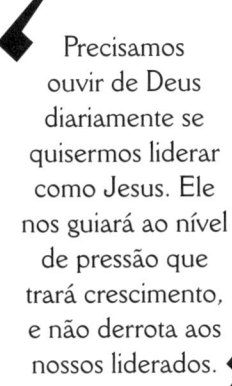

> Precisamos ouvir de Deus diariamente se quisermos liderar como Jesus. Ele nos guiará ao nível de pressão que trará crescimento, e não derrota aos nossos liderados.

Quando não respeitamos é porque não compreendemos os outros. A dura verdade é que agimos egoisticamente sempre que queremos misericórdia quanto às nossas falhas e justiça quanto às falhas dos outros. Compreender é um passo importante para

> *Você não precisa ser o super-homem para que confiem em você; na verdade, você simplesmente precisa ser "homem" o suficiente para que o conheçam de verdade.*

o respeito; quanto mais conhecemos o passado, a história e as marcas de nossos discípulos, tanto mais seremos capazes de avançar como líderes que os respeitam. Mas como conhecer? Como compreender? Como enxergar além? Compartilhando experiências, creio.

2) Compartilhar experiências

Um casal de amigos de longa data compartilhou comigo, como muita empolgação, como aprenderam sobre a importância de *compartilhar experiências*. Durante muitos anos, eles trabalharam com jovens na igreja. Todos os anos havia o Encontro de Jovens, um projeto na igreja que durava um fim de semana e dividia os jovens em grupos de debate e de ministração. Todos os jovens da igreja trabalhavam para servir a estes jovens que, em sua maioria, eram recém-chegados à igreja ou não convertidos, convidados para participarem do encontro.

A primeira atividade era pedir que cada um contasse sua história: quem era, de onde vinha, e coisas do tipo. O grupo era formado por cerca de 8 pessoas. Às vezes, levavam horas nessa atividade; houve ocasiões, contaram eles, que foram necessárias mais de 5 horas para que cada um pudesse contar sua história. Era cada história! Incríveis! Contudo, o mais incrível era o fato de que o compartilhar de cada um formava laços entre aquelas pessoas. Dos que participavam daqueles encontros, muitos são grandes amigos uns dos outros até hoje, e mantém uma conexão muito forte uns com os outros. Outro dado importante foi como tornou-se perceptível que o laço de amizade entre eles iniciou com um momento de compartilhar com intensidade e intimidade entre o grupo.

É impossível se relacionar com alguém que você não conhece! Porque se você não conhece a pessoa com quem você se relaciona, você não entende e não a respeita. Você pode até se relacionar, mas de maneira ruim, fraca e superficial. Não há substância nem profundidade nesse relacionamento. Todavia, é importante notar que essa é uma via de mão dupla. Quando iniciamos o discipulado com alguém, logo pedimos para que a pessoa se abra, que ela conte sua história, suas experiências e geramos esse ambiente de confiabilidade. Por quê? Porque se não a conhecemos, não será possível ajudar, caminhar juntos e, principalmente, confiar.

Precisamos nos atentar, portanto, que esse espaço de liberdade e confiança deve ser de via dupla, ou seja, como discipuladores, também, precisamos abrir nossos corações. Quando não compartilhamos nossas experiências, quando não contamos nossa história, nossas vitórias e, também, nossas derrotas, não seremos capazes de gerar confiança em nossos discípulos, pois se nos fecharmos, eles não irão nos conhecer!

Você não precisa ser o super-homem para que confiem em você; na verdade, você simplesmente precisa ser "homem" o suficiente para que o conheçam de verdade. Compartilhe, compartilhe, seja quem você é! Não se importe que verão alguns defeitos, pois isso apenas mostrará que todos nós crescemos juntos.

Quando não fazemos isso, geramos expectativas erradas e falsas a respeito de nós mesmos. Afinal você e eu sabemos que você não é "isso tudo" que seus discípulos pensam a seu respeito. Você é feito de carne e osso como eles, você já passou por momentos difíceis assim como eles passam; você precisou de que alguém acreditasse em você da mesma forma que hoje você acredita neles!

Não estou falando aqui de se abrir como você se abre com seu próprio pastor e mentor, estou falando de compartilhar suas experiências pessoais.

Compartilhar sonhos, alvos pessoais e ministeriais. Por quê? Porque não existe R.ELACIONAMENTO sem que experiências sejam "compartilhadas", sem que conheçam você de verdade.

Se se quer criar um ambiente de discipulado R.EAL, você precisa fortalecer seu relacionamento com cada uma das pessoas que Deus colocou em sua vida e, para fortalecer esses relacionamentos, é necessário que você compartilhe mais sobre você.

Quanto menos sabem a seu respeito, menos confiança terão em você e, consequentemente, mais fraco será o relacionamento entre vocês. Paulo não teve medo de contar suas dificuldades; ele falou dos dias em que ficou sem água, nu e ao ponto de desespero. Por que você teria medo de compartilhar suas experiências?

3) Desenvolver confiança

Você conhece a lenda do rito de passagem da juventude dos índios Cherokees?

Conta-se que o pai leva o filho para a floresta no final da tarde, venda-lhe os olhos e o deixa sozinho no topo de uma montanha, bem afastado do restante da tribo. O filho deverá ficar sentado, toda a noite, com a venda nos olhos. Não poderá tirá-la, não gritar por socorro nem sair dali até que o dia amanheça. Só quando o jovem filho sentir os raios de sol batendo em seu corpo, poderá tirar a venda e retornar à tribo.

Se ele passar a noite toda lá, cumprindo todas as regras, será considerado um homem. Ele não pode contar a experiência aos outros meninos, porque cada um deve tornar-se homem através das suas próprias experiências, enfrentando o medo do desconhecido. No topo daquela montanha, vendado e sem se movimentar, o menino estará naturalmente amedrontado. Ele poderá ouvir toda espécie de barulho. Os animais selvagens poderão, naturalmente, estar ao redor dele. Talvez alguns humanos possam feri-lo. Os insetos e cobras poderão picá-lo. Ele sentirá fome, sede e, até, frio. O vento soprará a grama, a terra e poderá até sacudir os troncos, mas o jovem Cherokee permanecerá sentado estoicamente, nunca removendo a venda, pois ele precisa confiar!

Finalmente, após a terrível noite, o sol aparece e a venda é removida. Nesse momento o menino, descobre seu pai sentado perto dele. Ele esteve ali durante toda a noite, protegendo seu filho do perigo.

Nosso relacionamento em discipulado deve produzir esse tipo de confiança. Na vida cristã, todos nós passamos por momentos confusos e aterrorizantes.

Haverá dias em que teremos a impressão de estarmos vendados e deixados só no topo de uma montanha selvagem, todavia, se nossos relacionamentos forem fortes, teremos a certeza de que nossos irmãos em Cristo estarão prontos para nos defender caso algum ataque tente nos pegar repentinamente. É fato que nossa batalha de fé é de caráter individual, todavia, também é verdade que se nossos relacionamentos forem consolidados, teremos pessoas prontas para lutar por nós, caso seja necessário.

Se não houver confiança, não haverá relacionamento verdadeiro

Quando não confiamos, não nos abrimos, não mostramos quem realmente somos e não nos relacionamos de verdade. A falta de confiança é um dos maiores empecilhos para um discipulado R.EAL. Como poderemos entregar nossas vidas, sonhos e projetos para alguém em quem não temos confiança? Impossível!

O jovem Cherokee, da lenda que acabamos de ler, precisou confiar em seu pai. Precisou acreditar que o pedido de seu pai não era para lhe fazer mal, mas para trazer crescimento e desenvolvimento. Ele se entregou completamente naquela experiência difícil simplesmente porque confiava naquele processo!

Nossos relacionamentos não serão fortes e verdadeiros enquanto não desenvolvermos um espírito e um ambiente de confiança entre nós e nossos discípulos.

Você precisa gerar confiança
Confiança é gerada! Confiança fala de tempo, de experiência, de caminhada, de respostas e mais respostas. Mas mesmo que ainda esteja no início do relacionamento ou se está dentro de um relacionamento antigo, que não se desenvolve por falta de confiança, hoje, agora, é o momento de trabalhar para gerar esse componente fundamental no discipulado.

Quebrar a confiança é fácil e não demora, mas construir confiança exige entrega, disposição, força de vontade, caráter e trabalho duro. Confiança não é um dom, mas um resultado de muito trabalho e decisões corretas.

Quando temos um relacionamento baseado em confiança, tudo muda. Eu confio em minha esposa e a conheço muito bem. Se você chegar para me contar algo que ela fez, eu saberei de imediato se é verdade ou não, porque caminhamos em confiança e conhecemos um ao outro. Ela não precisaria me explicar uma situação, pois confio plenamente nela!

Quando seus discípulos confiam em você a caminhada é mais fácil, mais dinâmica e mais rápida. Você não precisa ficar se explicando a todo momento, eles confiam em suas decisões, eles confiam em suas atitudes e, principalmente, em seu caráter. Mesmo que não entendam o que você acabou de fazer, eles confiam em você e continuam firmes ao seu lado.

> Quebrar a confiança é fácil e não demora, mas construir confiança exige entrega, disposição, força de vontade, caráter, e trabalho duro.

O mesmo acontece quando você confia em seu discípulo. Talvez alguma atitude ou frase ou reação não foi de todo correto, mas você tem confiança que o coração dele está com você e, então, você não aplica o benefício da dúvida. "Ele não quis fazer isso"; "Sei quem ele é"; "não foi essa a intenção de suas palavras", "Eu confio nele"!

Quando geramos confiança avançamos no reino de Deus, avançamos em nossos relacionamentos, avançamos na vida! Confiança é a base de tudo, mas você precisa criar um ambiente para gerar esse tipo relacionamento. Como fazer isso? Aqui temos alguns passos importantes.

Você precisa confiar

Não espere que seus discípulos confiem em você, se você não confia neles. Eles sempre irão multiplicar aquilo que você fala e faz. Falta de confiança sempre vai gerar mais falta de confiança. Jesus confiava nos discípulos, e isso ficou claro nos Evangelhos. Ele confiou tanto que entregou a igreja, sua maior preciosidade, nas mãos daqueles que caminharam com Ele. Precisamos confiar apesar das falhas, confiar apesar das dificuldades e limitações, confiar apesar de tudo. Se Deus tem confiado em você, mesmo com todas as suas falhas, porque não confiar em seus discípulos? Essa atitude de confiança deliberada fortalecerá as raízes do seu relacionamento.

Ande em integridade

Você não pode se vender por nada. Novamente, vamos multiplicar nossa liderança, portanto, uma liderança com integridade vai gerar um ambiente favorável à confiança. Seus discípulos precisam enxergar em você integridade e seriedade em tudo o que faz. Integridade fala de coisas pequenas, detalhes, coisas do dia a dia. Você é uma pessoa que chega no horário em seus compromissos e reuniões? Cumprir horário é um exemplo simples, mas que mostra sua integridade em coisas maiores. São nesses momentos que geramos confiança ou a destruímos de vez. Integridade é uma das colunas da confiança. Confiamos em pessoas íntegras. Talvez você pode dizer: "Mas meus discípulos sabem que sou íntegro". Minha pergunta para você é: "será que suas atitudes diárias demonstram isso?"

Muitas vezes, acreditamos que todos pensam a nosso respeito exatamente o que pensamos de nós mesmos e, infelizmente, nosso ego nos engana. Precisamos manter uma posição de integridade diária para que possamos gerar confiança.

Mostre consistência

A pior coisa é quando caminhamos com pessoas que um dia amam você e, no outro, lhe odeiam; pessoas que um dia estão bem e admiram tudo o que você faz, mas, no outro, nada do que você faz presta. Esse tipo de comportamento sempre vai gerar dúvidas a respeito de como você está "hoje", e quando isso acontece não há espaço para confiar, pois a confiança não habita no meio de dúvidas. Por que podemos confiar em Deus? Porque Ele é consistente e nunca muda! Aí está nossa base para confiar nEle e em qualquer outra pessoa. Portanto, seja constante, mostre que você é um com seu discípulo e que, apesar de falhas e erros, você estará com

> Muitas vezes, acreditamos que todos pensam a nosso respeito exatamente o que pensamos de nós mesmos e, infelizmente, nosso ego nos engana.

ele. Não há necessidade de medo de reprovação ou receio de abandono. A maioria das pessoas tem medo de serem abandonadas. Devido ao passado, aos erros e às experiências de abandono, elas têm receio de que iremos fazer o mesmo. Nossa consistência mostrará o contrário. Podemos, sim, corrigir e acertar os ponteiros, mas precisamos de constância na maneira de falar, de agir e de relacionar. Isso é consistência, e consistência gera confiança.

Motivação correta

Confiança vem quando nossas motivações estão corretas e nossos discípulos veem isso. Quando eles perceberem que você está ali para investir neles, sem esperar ter retorno; que você está disposto a dar, e não espera nada de volta, não espera receber nem pretende ser servido, a confiança virá. Mas se isso não está claro para seus discípulos, será difícil construir um ambiente de total confiança em seu relacionamento e, portanto, seu discipulado enfraquecerá.

Honre suas promessas

É melhor não prometer a prometer e não cumprir. Todos sabemos disso! Mas continuamos prometendo e não cumprindo. Quando não honramos aquilo que falamos, colocamos em xeque nossas palavras e nosso caráter. Caráter é aquilo que você é! Se sua expressão não gera confiança, você não é confiável. A palavra de Deus nos fala que devemos ser a expressão do caráter de Cristo, isso significa que devemos ser a imagem dEle. Precisamos sempre nos perguntar: "Jesus faria isso?" Assim poderemos medir nosso caráter, não com a medida de outro, mas com a medida daquele que é perfeito, que é nosso padrão.

Quando caminhamos nesses princípios, seremos capazes de, como líderes eficazes, gerar confiança em nosso discipulado e em nossa equipe. Mas quando fugimos de um deles, podemos abalar nossos relacionamentos e, consequentemente, danificar a eficácia de nossa liderança.

Não importa quem você seja, líder de célula, discipulador, pastor ou apenas alguém que ama o discipulado, querendo aprender e crescer mais nessa área. Você precisa investir em confiança, no fundamento de seus relacionamentos e na base que irá sustentar tudo o que Deus mostrou que faria através de você.

> "Nossos discípulos anseiam por conhecer alguém que mergulhará tão profundo quanto for necessário para alcançar seu coração, sua confiança e seu respeito."

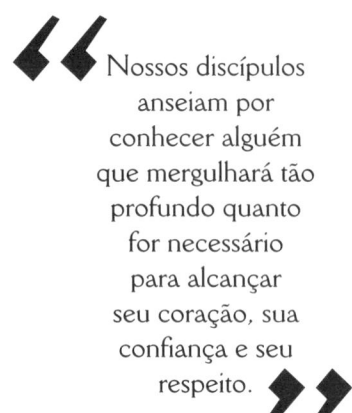

R.elacionar de verdade

Temos a capacidade de ensinar, ministrar, pregar, decorar exemplos e citar livros e mais livros. Falamos com firmeza e intrepidez, somos ousados ao escrever e ao expor como entendemos a respeito do assunto; é interessante que muitos hão de nos reconhecer como "bons discipuladores", entretanto, encontramos dificuldades para conquistar um terreno muito mais complexo e profundo que qualquer área já mapeada pelo Google; um terreno que exige muito mais que boas frases e um bom discurso: o coração de nossos discípulos. Sem confiança, esse terreno jamais pode ser conquistado. E o problema é que, onde não há confiança, não há relacionamento e, onde não há relacionamento, repito: não há discipulado.

Podemos nos enganar pensando que discipular é poder brincar de dar ordens, e ter pessoas que nos acompanham para nos chamar de discipuladores, mas enquanto não alcançarmos, verdadeiramente, o coração de nossos discípulos, todo o esforço resultará em mais uma demonstração de alguém tentando exercer autoridade sobre outros, do mesmo modo como acontece em relações de abuso de poder, seja em casa, no trabalho, na escola e, infelizmente, na igreja. Em relacionamento assim, não se influencia pela liberdade, mas pela autoridade imposta.

Nossos discípulos anseiam por conhecer alguém que mergulhará tão profundo quanto for necessário para alcançar seu coração, sua confiança e seu respeito. É mais fácil tratar com centenas de seguidores, ser um bom palestrante, explicar princípios e mais princípios com o microfone nas mãos, que tocar o coração, verdadeiramente, e influenciar com seriedade, formando discípulos. Não importa que não sejam muitos, mas se formos capazes de nos relacionar no nível do discipulado com homens e mulheres libertos da sede do poder, da busca do crescimento e sucesso próprio; que não lideram para ter algo, mas que se dão completamente e sem reservas em favor das pessoas que influenciam, conquistaremos nossa geração.

Você conhece o território do coração de seus discípulos? Já alcançou a parte mais profunda daqueles que andam com você? E lá, o que encontrou? Quais são os medos e as lágrimas que nunca foram compartilhados com ninguém além de você? Você foi capaz de se mostrar um discipulador servidor que trabalha, se empenha, ora e busca ao Senhor com o único intuito de ver o crescimento e o avanço da "pessoa" por trás do discípulo?

Construir esse caminho até o coração de nossos discípulos exige uma arquitetura mais complexa que a simples criação de apresentações em *Power Point* com frases, belas imagens e direções sobre como fazer e o que fazer para se "fazer discípulos".

Nesse processo, precisamos aplaudir quando acertam, liberar palavras de coragem e sabedoria quando sentem medo, abraçar e mostrar onde erraram ou quando falharam; todavia, precisamos continuar bem ao lado de nossos discípulos, dando a eles segurança e estabilidade em qualquer uma dessas situações. Isso nos fará grandes discipuladores.

Capítulo 3

E.QUIPAR

A vertente mundana em um relacionamento, que é o caminho liderado por Satanás, é o caminho do tomar, do roubar e do receber. Mas a vertente de Deus é e sempre foi a vertente do dar, do entregar, do investir. O mundo está carente de pessoas que investem em outras pessoas por livre e espontânea vontade. A ideia de investir, sem esperar retorno ou de dar, sem receber nada em troca é uma afronta ao homem natural, que não tem a mente renovada de acordo com a Palavra de Deus. Afinal,

> **Equipar fala de investir tempo, investir dinheiro, compartilhar ferramentas, estratégias e visão.**

o conceito mundano é que "quem dá o que tem, fica sem".

Quem investe em imóveis, ações de empresas ou qualquer outra coisa que traga lucro é considerado uma pessoa de sucesso. Mas aquele que investe tempo, dinheiro e vida em outra pessoa, sem esperança ou expectativa de receber nada como retorno, pode ser considerado um "idiota", pois o mundo é movido a retorno, a lucro e dividendos, entretanto, Deus é movido pela entrega, pelo compartilhamento, pelo investimento integral e pelo dar.

A Bíblia nos mostra, claramente, o quanto é melhor dar que receber. Como precisamos crescer em harmonia com a Palavra para podermos compreender essa arma poderosa! Precisamos aprender com Deus o princípio de plantar em outros; precisamos aprender com o Pai como dar nosso melhor a outrem. Deus tem levantado um povo, uma geração que tem aprendido o princípio de investir e de equipar outros para o benefício do Reino de Deus. E se você tem o interesse de desenvolver um discipulado de sucesso, precisa abraçar essa verdade: você foi chamado para E.QUIPAR outros!

Não seremos capazes de atingir a plenitude de nossa liderança sem que estejamos equipando nossos discípulos. Equipar fala de investir tempo, investir dinheiro, compartilhar ferramentas, estratégias e visão. Um líder em seu pleno potencial lidera outros líderes que foram equipados para essa posição. Um líder em seu pleno potencial entendeu a vertente de se entregar, completamente, para o benefício daqueles que estão ao redor de si. Nada é mais importante na vida de um líder que o desejo puro e forte de transferir fome por Deus, amor pelo propósito, sabedoria, conhecimento e estratégias aos seus liderados. Se você não ama investir, então não ama liderar, pois liderança cristã, modelada por Cristo, tem como base a entrega total, a capacitação de outros e o investimento deliberado.

Nível de entrega

De sorte que haja em vós o mesmo sentimento que houve também em Cristo Jesus, que, sendo em forma de Deus, não teve por usurpação ser igual a Deus, mas esvaziou-se a si mesmo, tomando a forma de servo, fazendo-se semelhante aos homens; e, achado na forma de homem, humilhou-se a si mesmo, sendo obediente até à morte, e morte de cruz. Filipenses 2:5-8

Jesus possuía tudo; Ele sempre esteve no centro e não precisava provar nada a ninguém. Sua glória se estendia do oriente ao ocidente e cobria toda a existência. Poder e honra nunca lhe faltaram, mas seu coração não se apegou a nada disso que tinha, tanto que Ele decidiu entregar tudo por amor ao homem. Ele não entregou para ter mais, mas para que outros tivessem alguma coisa. Ele morreu não para conquistar mais, mas para que outros pudessem viver. A honra, a glória e o poder não foram tão importantes para Ele quanto nossa vida e nosso crescimento. Ele nos equipou! Ele investiu em nós!

O nível de entrega de Cristo foi altíssimo; Ele morreu para nos dar vida. Ele foi humilhado para nos E.QUIPAR com sua natureza. O investimento não foi feito para que houvesse retorno pessoal para Ele, mas para que a humanidade fosse salva da morte.

Hoje Deus tem nos chamado, também, para um nível de entrega que vai abalar a mente humana. Deus tem nos chamado para investir tudo o que temos para que outros possam crescer e se multiplicar. Deus tem chamado você e eu para que possamos gerar discípulos que irão mais longe do que jamais fomos; tocarão pessoas que jamais vimos e serão reconhecidos como jamais seremos. Mas tudo isso requer investimento, requer entrega e desgaste em favor de um propósito e de um estilo de vida.

> "Deus tem chamado você e eu para que possamos gerar discípulos que irão mais longe do que jamais fomos; tocarão pessoas que jamais vimos e serão reconhecidos como jamais seremos."

Nascemos para investir, mas isso precisa estar resolvido em nossos corações. Não podemos sair por aí requerendo ou reclamando das coisas ou do tempo que entregamos para que nossos discípulos crescessem. Você não pode começar a exigir de volta aquilo que entregou. Por isso, muitos líderes estão tristes, desanimados, machucados e feridos; esperavam retorno do que fizeram, esperavam reconhecimento, pagamento e lucro. E quando essas coisas não vieram, suas emoções foram feridas.

Entenda, não estou dizendo que o reconhecimento não virá. Na maioria das vezes, você será sim reconhecido por aquilo que deu e investiu. Você terá um retorno de respeito, honra e admiração. Mas essa não pode ser a motivação de seu coração, isso não pode ser o que move suas atitudes e decisões.

Jesus não exigiu de ninguém o retorno por sua morte. Jesus não está nos céus reclamando daqueles que não creram, daqueles que não deram importância nem honraram aquilo que Ele fez na cruz. Portanto, se seu interesse é ter um discipulado R.E.A.L, entenda que isso exigirá um alto nível de entrega com um baixíssimo nível de expectativa no retorno. Seu coração precisa estar resolvido quanto a isso. Em você deve estar clara a seguinte convicção: "Eu invisto por paixão, por propósito, porque quero seguir o exemplo de Cristo". Se esse for seu coração, estamos com metade do caminho andado!

O exemplo de Deus

Porque Deus amou o mundo de tal maneira que deu... (João 3.16)

Esse versículo é muitíssimo conhecido, muitíssimo ensinado, mas muitas vezes não o aplicamos em nossa vida diária. Para que possamos crescer na vontade e no propósito de Deus para nossas vidas, precisamos viver a revelação da Palavra. Cada versículo tem muito a nos ensinar, e João 3.16 nos fala que Deus amou tanto que Ele "deu"! Dar, ceder, entregar, investir, gastar é uma das formas mais poderosas de manifestação do amor! Precisamos começar a viver isso em nossos discipulados, em nossos relacionamentos. Investimento é a maior forma de demonstração de seu interesse, carinho e amor por seu discípulo.

Quando você investe, você está amando. Quando você E.QUIPA, você está seguindo os passos de Jesus na jornada do discipulado. Deus não entregou o que era barato, não investiu com sobras. Ele entregou o melhor que tinha, dando parte de si mesmo: Jesus Cristo. Deus usou Cristo para investir na humanidade, para que a humanidade tivesse vida, retornasse à sua posição de filhos e recebesse de volta a autoridade.

Muitas vezes vamos E.QUIPAR nossos discípulos para que eles ganhem autoridade, cresçam, avancem, tenha vida e um ministério de abundância. Quando seguimos o exemplo de Deus, quando somos imitadores de Deus, entregaremos nosso melhor para que nossos discípulos sejam promovidos, *catapultados*, elevados a um nível que talvez nem nós mesmos estejamos. Deus amou, Deus deu! Você ama? Então E.QUIPE, invista, dê seu tempo, seu dinheiro, sua paciência e tudo mais quanto tiver.

Lembro-me do pastor Márcio dizer pra mim: "O que eu tenho é seu; o que eu tiver em minha mesa, você terá na sua; a minha casa é sua casa"! Uau! Eu ouvi aquela frase como uma declaração do cuidado e do amor dele por mim. Por quê? Porque ele estava investindo, se entregando e isso é uma atitude que representa o amor. Então, hoje, se você ama de verdade aqueles que estão ao seu redor, é hora de começar a dar, é hora de se entregar mais por eles. É chegado o tempo de investir e de equipar de forma consistente e planejada em cada área da vida de seus discípulos.

Essa história do "reizinho" que fica sentado em um trono de ouro apenas pregando uma vez por semana e que todos o servem, já ficou para trás há muito tempo. Já avançamos muito e entendemos que discipulado é o que trará vida e crescimento em nossas igrejas e ministérios. Mas qual tipo de discipulado? Qual tipo de relacionamento? Qual intensidade do investimento? Isso é o que precisamos definir de forma prática para que possamos avançar. Todos estão discipulando, mas qual a qualidade desse discipulado? Todos estamos nos relacionando, mas qual a qualidade desses relacionamentos? Isso é você, líder, quem vai definir em seu estilo de vida e ministério.

Ele deu o que foi dado a Ele

Eis que vos dou autoridade ... (Lucas 10:19)

Cristo não precisava conquistar nada, Ele já possuía tudo! Ele era o líder que tudo possuía, que tudo podia e que tudo fazia. Estava em seu mais alto nível de influência! Ele curava a todos que chegavam a Ele e tinha acesso direto ao Pai. Veio do céu, e entendia sua identidade de forma como ninguém jamais entendeu. Dominava os poderes espirituais, tinha autoridade sobre os reinos, e a tempestade se acalmava apenas com seu suspirar. As árvores o obedeciam e aquela que não frutificou, Ele a condenou à inexistência. Uau! Consegue imaginar alguém assim?

> **Todos estão discipulando, mas qual a qualidade desse discipulado? Todos estamos nos relacionando, mas qual a qualidade desses relacionamentos?**

Consegue imaginar um líder que domine a arte de pregar, que seja bem concatenado, que saiba atrair o público com suas palavras e tenha experiência em trazer ensinamentos dificílimos ao entendimento do mais simples homem? Um líder que multiplica células sem qualquer dificuldade, que multiplica líderes e planta igrejas com um sucesso fora do comum. Consegue imaginar o tipo de líder que todos querem ouvir, todos querem estar por perto e ter um momento que seja? Imagine um tipo de pastor que, por onde quer que ele passe, todos são profundamente tocados, curados e encontrem paz e alegria por estarem com Ele! Esse era Jesus em sua vida terrena!

Mas veja bem, muito além de caminhar por todos as cidades e tocar quantos mais Ele pudesse, Cristo decidiu investir em outros. Não apenas investir para que fossem curados, mas para se tornarem como Ele é. Jesus passou não apenas uma crença e de um estilo de vida, Ele passou a identidade, o caráter e a natureza que estavam dentro dEle! Natureza essa que havia recebido de Deus!

Assim, também, não importa o quanto você sabe, mas, sim, o quanto você consegue fazer com que seus discípulos saibam. Não importa o quanto você seja bom, mas o quanto você ensina seus discípulos para serem bons. Não importa o nível de sua liderança, sua eloquência nem sua habilidade de falar em público, mas, sim, o quanto disso tudo você é capaz de transferir para aqueles que Deus deu para você E.QUIPAR. Jesus disse: "*Eu vos dou autoridade!*" Em outras palavras, dizia: eu passo autoridade para você, lhe dou algo que tenho, transfiro algo que tenho em abundância. Ele estava dizendo: "Sabe, tenho muita autoridade, mas isso não é o suficiente para mim, pois vim ao mundo não para ter, mas para investir em vocês, portanto, quero que vocês a tenham. Quero que *vocês possam* curar! Quero que vocês possam discipular, quero que vocês recebam investimento. Quero equipar vocês!

Talvez, leitor, você seja um líder excelente. Sabe agregar valor às pessoas, sabe liderar, mobilizar, ensinar, falar em público e etc. Mas quanto disso você tem ensinado a seus discípulos? Quanto você tem investido em cada uma dessas aéreas na vida daqueles ao seu redor? Jesus Cristo entendeu que no propósito de Deus, o mais importante não é o que você tem, mas o que você é capaz de fazer com que outros tenham. O mais importante é E.QUIPAR; é investir!

Se você sabe mobilizar, ensine seus discípulos a fazer o mesmo. Se você é bom para falar em público, treine seus discípulos. Se você é consistente, transfira essa característica a eles através de investimento consistente e proposital. Mas ensine com paciência, entenda o princípio de que cada um de nós vamos crescer de acordo com nossa capacidade e resposta individual. Seja perseverante em seu investimento, seja coerente com suas palavras, mas ensine! Não espere que eles tenham as mesmas habilidades que você possui, mas transfira a seus discípulos o que

> *Jesus passou não apenas uma crença e de um estilo de vida, Ele passou a identidade, o caráter e a natureza que estavam dentro dele!*

Deus lhe deu, assim como Cristo transferiu autoridade àqueles que Deus o havia dado.

O ponto mais alto de nossa liderança não acontece quando somos capazes de mobilizar *bilhares*, mas quando somos capazes de ensinar milhares a mobilizar milhares! O ponto mais alto de nossa liderança não é quando multiplicamos nossa célula, mas quando ensinamos outros a multiplicarem! O ponto mais alto de nossa liderança não é quando falamos em público com autoridade, mas quando nossos discípulos foram ensinados a fazê-lo. O ponto mais alto de sua e minha liderança é quando investimos, quando E.QUIPAMOS!

Capítulo 4

SEMENTES QUE SÃO ENTREGUES A NÓS

Deus dá semente ao que semeia e pão ao que come...
(II Coríntios 9:10)

Lembro-me de que quando criança, ter encontrado, em certa ocasião, um pacote de sementes que minha avó usava para plantar em sua horta. Não entendi muito bem o que era aquilo, mas o pacote era bem colorido e bonito! Só que, colorido para mim, enquanto criança, significava coisa de comer!

> Deus tem nos dado sementes, o que temos feito com elas? O que você tem feito com a semente da autoridade que Deus colocou em sua vida? O que você tem feito com a semente da visão que está em seu coração?

Significava açúcar! Balas! Então, frente àquele pacotinho cheio de cores, somente pensei em comer o que estava dentro dele; e foi exatamente isso que aconteceu: aquele pacotinho de sementes terminou em meu estômago bem rápido! Agora me responda: quantas daquelas sementes produziram frutos? Nenhuma. (Espero que não imagine que alguma semente tenha crescido em meu estômago!) Infelizmente, todo aquele potencial foi jogado ao vento, desperdiçado, sem produzir algum futuro ou sucesso.

Veja bem, isso tem acontecido com muitos de nós. Muitos líderes com extremo potencial, tem jogado tudo o que Deus o deu "estômago abaixo". Eles têm utilizado suas habilidades apenas para si mesmos, estão se fartando da capacidade que poderia atingir milhões, porque não entenderam o princípio do capacitar outros.

Pensam que as habilidades foram dadas para o retorno e fama própria. Andam por aí, pregando, ministrando, fazendo e acontecendo, mas seus discípulos não são capazes de fazer nem metade do que fazem.

Deus tem nos dado sementes, o que temos feito com elas? O que você tem feito com a semente da autoridade que Deus colocou em sua vida? O que você tem feito com a semente da visão que está em seu coração? O que você tem feito com a semente da ousadia, da fé, da habilidade em falar em público, de fazer projetos, de liderar, de multiplicar e de nutrir outros? Essas sementes precisam ser plantadas, regadas e colhidas no tempo certo. Não basta ser bom em algo, você precisa transferir essas habilidade a outros. Não seja apenas o líder concatenado, ensine outros os princípios e a arte de pregar! Plante essa semente! Ensine, treine, capacite e equipe outros.

As sementes da visão que Deus colocou em seu coração precisam produzir frutos, precisam gerar uma colheita; uma colheita que será de milhões de líderes que geram outros líderes. Transfira a visão através de um discipulado verdadeiro. Não pense que acabou em você! Essa pequena semente de revelação na Palavra, adquirida através de estudos e tempo com Deus não foi dada a você para seu benefício próprio; você precisa plantar esse potencial em outros. Deus quer que você equipe outras pessoas a terem a mesma fome, a mesma sede e a mesma revelação que você tem. Seja um canal de Deus e plante sementes!

A Bíblia nos mostra que Ele dá semente "ao que semeia"! Isso significa que quanto mais você semear, mais sementes serão dadas a você. Quanto mais você treinar outros, mais Deus o capacitará, mais lhe dará estratégias de treinamento e mais unção lhe será concedida para expandir no propósito dEle. Semeie mais! Plante mais! Compartilhe mais! Essa é a resposta. À medida que você se entregar em equipar outros, Deus equipará você com recursos, com planejamento que vem dos céus, com equipe que Ele preparou para você e com níveis mais altos de revelação sobre liderança. Se em algum momento de sua vida, você sentir que está faltando algum tipo de habilidade ou característica ministerial, comece a investir em alguém naquela mesma área. Você verá que, devido o seu plantio, haverá crescimento na vida de seu discípulo e, consequentemente, em sua própria vida. Esses serão os frutos do plantio!

Não permita que as sementes acabem sem que você as tenha plantado. Não coma as sementes; não se iluda com os aplausos de que você é o melhor nem se encante com os confetes! Líder, a semente da influência precisa ser plantada, e não comida. A semente da autoridade precisa ser plantada, e não utilizada até o fim para suprir sua própria necessidade. As sementes da prosperidade não foram entregues a você por acaso; elas foram enviadas do céus para gerar mais provisão, para gerar uma grande colheita! Portanto plante!

> A Bíblia nos mostra que Ele dá semente "ao que semeia"! Isso significa que quanto mais você semear, mais sementes serão dadas a você.

O FATOR TEMPO

Quando trabalhamos com sementes, precisamos entender que haverá princípios naturais que foram formados no reino do espírito. Você não pode plantar uma semente hoje e ficar, a cada duas horas, cavando a terra para ver se ela está crescendo ou não. Se você fizer assim, a semente morrerá e não gerará fruto nenhum!

Quando plantamos, quando investimos e quando equipamos nossos discípulos, temos de compreender que precisamos passar pelo teste do tempo e da ansiedade de vê-los crescer. Se você investe hoje e já quer resultados amanhã, sua semente será desperdiçada. Não pressione o crescimento,

> **A paciência após plantar uma semente demonstra nossa confiança em Deus.**

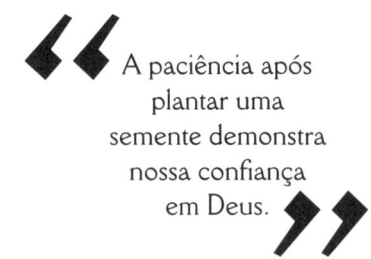

tenha paciência com o potencial que você investiu e tenha paciência com o tipo de terra que recebeu o investimento! É preciso plantar, é preciso regar, mas, também, é preciso esperar. Esse princípio do tempo é tão importante quanto o do plantar, pois ele vai, igualmente, afetar o futuro de sua colheita.

Às vezes não temos paciência com nossos discípulos ou com aqueles que Deus colocou ao nosso redor. Deus nos dá a visão, nos ensina como plantar, nos ensina a regar a terra, mas, quando precisamos apenas esperar e confiar que Ele, o Deus Todo Poderoso, trará o crescimento, falhamos ao tentar acelerar o processo; falhamos ao tentar pressionar a terra e, portanto, acabamos matando a semente, tendo que plantá-la de novo. E aí, o que fazemos? Murmuramos! "Mas eu investi, eu treinei, eu equipei, eu ensinei, e ele não aprendeu nada!". É claro que não aprendeu! Você abortou o processo quando ignorou o fator tempo.

A paciência após plantar uma semente demonstra nossa confiança em Deus. Não podemos mudar ninguém, e não queremos mudar ninguém.

É Deus quem o fará. Nossa posição é transferir o caráter de Cristo, compartilhar as ferramentas, ensinar princípios e treinar aqueles que Deus tem colocados ao nosso redor. Após esse processo da plantação da semente, precisamos apenas confiar que Deus trará os resultados e fará com que aquela semente não se perca.

Portanto, seja paciente quando investir. Não exija resultados rápidos, não exija transformação imediata, não cobre por mudança do dia para noite. Cada terra tem sua forma de reagir a uma plantação; alguns produzirão de forma consistente e maravilhosa, outros não. Há aqueles que serão mais lentos na resposta, e não há mal nisso. Mas Deus está trabalhando tanto em um, como no outro. Nossa posição não é a de escolher em quem vamos investir, mas de plantar em todos aqueles que Deus nos der. Sua paciência será uma forma prática de amar aqueles que caminham com você. Nada pode ser pior que caminhar com um líder que mata as sementes que acabou de plantar devido sua pressão fora do comum por resultados.

Então avalie a si mesmo. Você tem plantado as sementes que Deus lhe deu? Você tem regado essas sementes com paciência e aguardado pelo crescimento que vem do Senhor? Qual o tipo de ambiente você tem criado para o crescimento daqueles que estão ao seu redor? Eles recebem investimento consistente e paciente ou apenas assistem ao "suprassumo" da liderança (você) produzindo resultados?

O fator da multiplicação da semente

Certa vez ouvi uma pessoa dizer: "Quão bom seria se pudéssemos plantar dez sementes e colher cem". Mas quando prestei atenção naquela frase, reconheci algo: é assim mesmo que acontece! É bom assim!

Quando plantamos uma semente, a regamos e ela cresce, essa semente produzirá uma árvore essa árvore muitos frutos que, consequentemente, trarão dezenas de outras sementes. Esse é o princípio da multiplicação; ele nos ajuda a ver o futuro e alegrar nossos corações. Quando investimos em alguém, precisamos ter em mente que estamos, na verdade, tocando dezenas e ou centenas de milhares no futuro.

Cada semente de visão, cada investimento no caráter, cada discipulado e reunião que fazemos produzem frutos eternos! Aquela vida será tocada para sempre, sim. Mas ela será capaz de tocar centenas de outras. A Bíblia nos diz que Deus "multiplicará nossa sementeira", isso significa que além da multiplicação da semente, a sementeira aumentará, crescerá e multiplicará. Deus trará mais pessoas, Deus aumentará sua influência; Ele lhe dará meios e caminhos para que você possa, então, plantar em muitos!

Isso é maravilhosos! Quanto mais plantamos, mais sementes teremos. Quanto mais plantamos, mais terra receberemos para plantar. E, quanto mais plantamos, mais nossos frutos crescerão e plantarão em outras pessoas também. Isso gerará uma multiplicação sobrenatural para o reino de Deus. Onde tudo começou? Em sua disposição de investir, de equipar, de amar, de dar, de se entregar completamente.

Ao escrever esse livro, estou em Lusaka, capital da Zâmbia. Aqui, temos 25 alunos de 7 países diferentes em nossa Escola de Obras Pioneiras*. Uau! Como fico feliz em estar investindo, plantando, equipando e fortalecendo tantos terrenos, tantas pessoas preciosas. Mas saiba de algo, sei que daqui há 10 anos, cada um desses alunos que temos aqui estarão liderando igrejas enormes ao redor do mundo. Tenho a consciência de que estou plantando em Uganda, sem nunca ter ido lá. Estou plantando no Quênia, sem nunca ter pisado naquela terra. Estou investindo na Tanzânia, na Zâmbia, no Sudão do Sul, na Índia e em outros países através de cada um desses alunos. Estou gerando sementes na vida de

> *Quanto mais plantamos, mais sementes teremos. Quanto mais plantamos, mais terra receberemos para plantar.*

cada um deles, com a certeza de que essas sementes serão multiplicadas por Deus. Ele trará o crescimento, a frutificação e os resultados. A colheita virá através do poder dEle.

Quanto mais plantamos, mais Deus multiplica nossa sementeira. Quando mais investimos, mais pessoas Deus trará para que possamos investir. Esse é o fator da multiplicação de seus talentos, de suas sementes e de suas habilidades. Portanto, mais uma vez, equipe, ensine, treine, invista naqueles que Deus deu para você.

O fator perseverança

Perseverança para que havendo feito tudo alcanceis a promessa... (Hebreus 10.35)

Muitos estão perdendo a terra, as sementes e a liderança. Estão desanimando depois de anos de trabalho. Mas o problema desses é que, após plantar, cessaram o investimento. Não pense que jogar a semente na terra, fazer um treinamento, fazer um discipulado ou algo isolado serão capazes de trazer uma grande colheita para sua plantação. Precisamos perseverar o cuidado com a terra; precisamos continuar a plantar novas sementes; precisamos orar e regar, diariamente, sem desanimar.

A palavra "perseverante" descreve alguém capaz de continuar fazendo a mesma coisa, mesmo estando sob diferentes circunstâncias ou dificuldades. Quando Deus nos pede para perseverar na plantação é para que possamos plantar mesmo quando está chovendo muito e a terra está bagunçada. Quando é difícil e doloroso, Ele quer que continuemos a plantar, ainda que visivelmente não haja a possibilidade de colheita. Quando nossos discípulos não demonstram mudança ou crescimento; quando parece que aquelas sementes estão sendo perdidas ou quando estamos fracos e sem motivação, não podemos deixar de permanecer na plantação, plantando incansavelmente em fé.

A perseverança opera no momento da dificuldade, mesmo quando a célula não está crescendo, quando o discipulado não está fluindo, quando nossos esforços parecem ser em vão. Esse é o momento em que muitos líderes param de plantar, param de regar e perdem o mover de Deus para aquela "colheita". Um líder eficaz entende o fator perseverança e é capaz de passar por essas e outras circunstâncias, sem comprometer as sementes nem o futuro daquela terra.

Precisamos perseverar e precisamos fazer a vontade de Deus para que, então, possamos desfrutar da promessa. A vontade de Deus é que possamos E.QUIPAR, investir, plantar naqueles que estão ao nosso redor. E a promessa dEle é que, se assim fizermos, teremos uma grande colheita no tempo correto. Muitos têm o desejo de mudança, de crescimento e de avanço, mas no calor da segunda-feira, na dificuldade da semeadura, no cansaço da caminhada, seus desejos se evaporam e param de equipar seus discípulos. Mas sabe de uma coisa? Nossa função é continuar equipando cada um desses ao nosso redor; nossa função é continuar investindo nesses seres, humanos como nós mesmos, cheios de defeitos e carregados de limitações; gente que chora, que recua e que falha.

Não desista daqueles que Deus deu para você. Não cesse o relacionamento, não use a desculpa do "Ele não respondeu". Invista, equipe, treine e persevere! Você foi chamado para isso! Você nasceu para plantar sementes, e vê-las crescendo no reino de Deus. Sementes de cura, de autoridade, de multiplicação, de liderança, de respeito e de honra. Você é um semeador, um trabalhador que serve ao Rei; portanto, não pare! Não seja vencido pelas dificuldades, seja perseverante! Continue investindo apesar das circunstâncias desfavoráveis e difíceis. Não se amedronte diante da tempestade que está tentando fazer você desistir daqueles que estão ao seu redor. Essa tempestade foi criada pelo inimigo; ele é o mais interessado em sua desistência; ele quer que você pare de semear nessas vidas. Portanto, assim como Jesus fez, se levante em fé e ordene que essa tempestade se acalme e desapareça. Não coloque a culpa na terra, não culpe a qualidade do terreno. Você é um plantador de sonhos e de visão. Você é um semeador de Jesus Cristo, você nasceu para multiplicar essa autoridade na vida de outros. Não permita que o diabo mate seu discipulado nem sua célula nem sua liderança. Um líder eficaz entende que ele tem poder contra as forças do inimigo; então, se levante hoje em oração por aqueles que estão debaixo de sua autoridade e persevere! A colheita virá.

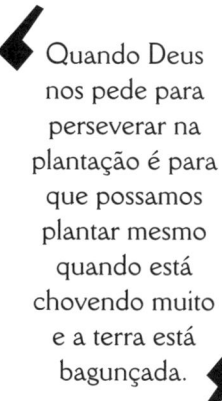

> "Quando Deus nos pede para perseverar na plantação é para que possamos plantar mesmo quando está chovendo muito e a terra está bagunçada."

> Você verá que a semeadura, por si só, é fabulosa, misteriosa e incompreensível em sua plenitude. Você será capaz de entender a grandeza de ser um semeador do Reino.

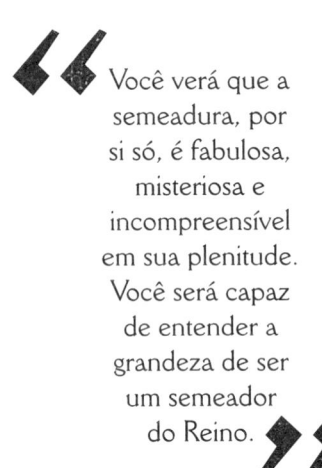

Portanto o *Fator Tempo* nos ensina que precisamos "dar tempo ao tempo" mesmo. Que precisamos aguardar o momento certo da colheita, quando nossos discípulos serão capazes de responder a Deus em alto nível. O *Fator da Multiplicação da Sementeira*, por outro lado, nos mostra que Deus é quem traz o crescimento. Ele é quem vai, sobrenaturalmente, fazer com que a sementeira seja multiplicada à medida que plantamos aquilo que temos. Sendo assim, temos confiança de que cada investimento que fazemos em pessoas resultará em uma grande colheita para o Reino. E, finalmente, temos o *Fator Perseverança*. Ele nos ensina a plantar dia e noite, faça chuva ou faça sol, seja fácil ou complicado. Quando está chovendo, quando está ventando, quando o calor quer nos desanimar, quando a terra parece não responder. Precisamos perseverar!

Quero convidá-lo a aplicar esses princípios em seu discipulado. Eles farão com que seu nível de investimento seja mais alto e mais consistente. Quando você compreender cada um deles e conseguir aplicá-los de forma programada, decidida e proposital, sua vida como um semeador será mais alegre e em paz. Você não vai mais sofrer enquanto planta nem mesmo desesperar quando a colheita e os resultados não forem visíveis. Esses princípios farão de você um líder mais livre, mais leve, mais confiante.

Capítulo 5

APRENDA A SER SAMUEL

Ele foi um exemplo para sua geração: um homem, um rei, um profeta, alguém de quem Deus se agradava. Julgava com imparcialidade, não era movido nem por sua própria glória nem por sua vontade; tudo quanto seu coração mais anelava era a presença do Deus Altíssimo. Elogiado por Deus, este de quem estou falando foi homem de guerra e de grandes batalhas. Serviu sua geração e seu povo até o fim com muita honra e respeito. Teve suas dificuldades, sim; mas era rápido em se arrepender, rápido em perdoar e rápido em mudar de rota para se adequar à vontade Deus. Respeitava a unção de Deus de tal maneira que era incapaz de tocar no ungido do Senhor. Amava a glória de Deus de tal forma que a trouxe para perto de si. Ele ficou conhecido como o homem segundo o coração de Deus! Esse homem era Davi.

É impressionante quando começamos a destacar as características do rei Davi; cada detalhe mostra que ele era um homem capaz, forte, confiante em Deus, apaixonado pelo Senhor e que não era movido nem por riqueza, nem pelo poder e, muito menos, pelo trono ou por glória. Por isso, gostamos tanto de nos comparar a ele: estudamos sua vida, suas decisões e os homens que o cercaram; fazemos isso pois sabemos que ele pode nos servir de base quanto aos modos que podemos conduzir nossa vida.

Gostamos de homens famosos e poderosos; gostamos de nos espelhar nos reis. Mas, sabe de uma coisa? Não seria possível haver Davi sem que houvesse Samuel; esse profeta de Deus foi, de igual modo, importante em sua geração. Julgou, profetizou, coordenou e se tornou referencial para todos na nação de Israel. Das muitas coisas que Samuel fez, uma foi marcante em sua vida: ele foi usado pelo Senhor para *ungir* o poderoso rei Davi.

Samuel não era o rei, não se assentou ao trono, talvez não havia músicas com seu nome; mas ele investiu em Davi, ele promoveu a Davi, ele plantou na vida de um menino que se tornou rei. Ele foi o canal que o Pai pôde usar para cumprir sua vontade

> *Gostamos de homens famosos e poderosos; gostamos de nos espelhar nos reis. Mas, sabe de uma coisa? Não seria possível haver Davi sem que houvesse Samuel.*

para a nação de Israel. Veja bem, Deus tem levantado uma geração que entende o poder de ser Samuel, o poder de investir, de equipar e de promover outros. Deus tem colocado em nossos corações a importância e a seriedade de enxergarmos os "Davis" que Ele mesmo colocou ao nosso redor, para que possamos, assim como Samuel, promovê-los; para que possamos equipá-los com a Palavra, através de um discipulado R.E.A.L.

Samuel ouve a Deus e unge a Davi

Se você observar bem, você verá que Deus dá uma direção a Samuel, transferindo a ele um propósito; o Senhor diz: "você irá ungir, promover, investir e equipar Davi com meu poder". Isso tem acontecido

> "Se não há muitos Davis sendo levantados ao seu redor é porque você está falhando em sua função de Samuel."

conosco hoje! Deus tem nos enviado e nos dado como propósito o investir e o equipar Davi. Mas quem é Davi? São todos esses que estão em seu discipulado; são esses que fazem parte de sua célula; são essas pessoas que estão próximas a você. Sua função é seu um Samuel na vida deles. Sua função é investir, entregar, treinar, promover, gerar oportunidades ministeriais e, então, deixá-los cumprir aquilo que Deus os chamou para cumprir. Nosso propósito como investidores é que possamos fazer o que Deus mandou, e sair de cena.

Mas, muitas vezes, estamos tão focados nas atividades, tão focados no resultado imediato que não ouvimos a voz de Deus e falhamos. Se não há muitos Davis sendo levantados ao seu redor é porque você está falhando em sua função de Samuel. Se aqueles que caminham com você não são *catapultados* e promovidos ao ministério, ou seja, a fazer aquilo que Deus o chamou para fazer, é porque, talvez, você não está seguindo as direções de Deus em ser um investidor!

As atividades que temos como igreja são os meios pelo qual chegamos ao fim: investir em outros e discipular aqueles que Deus nos deu. Portanto, a atividade não é o *fim em si*. Encontro, culto, célula, reuniões de discipulados, cursos e várias outras coisas são parte da visão que recebemos e que usamos para outros receberem mais e mais investimento. Não podemos apenas focar nas atividades e esquecer o principal, as pessoas!

Também, não podemos nos embebedar com as coisas naturais e terrenas. Pois elas, se ganharem força em nosso coração, serão capazes de desviar nosso foco. Pense o que aconteceria com Davi e com a nação de Israel se o profeta Samuel ficasse focado apenas em seu próprio umbigo e ministério! "Deus, eu quero um emprego novo!", "Deus, eu quero a multiplicação da *minha* célula!", "Deus, eu preciso de um sapato mais bonito!", "Deus, eu... eu... eu... meu.. meu... meu!"

Creio, fielmente, que essas são questões legítimas, e você deve, sim, orar por cada uma delas. O que não podemos é ficar olhando para nosso próprio umbigo, enquanto Deus tem desejado levantar pessoas ao nosso redor. Pare de orar apenas pelo "seu" ministério, "seu" chamado, "seu" propósito! Comece a perguntar a Deus sobre o chamado daqueles que estão perto de você! Pergunte a Deus quem você deve promover, e em qual área deve ser essa promoção. Ore e obtenha do Senhor as direções para cada pessoa que Ele colocou debaixo de sua liderança, pois a vontade dEle é que possamos atuar como Samuel na vida delas. Agindo assim, sua célula, certamente, irá crescer e multiplicar; seu discipulado se tornará mais forte, e o Deus que sabe de tudo que você precisa irá acrescentar todas as outras coisas a você.

Davi se torna maior que Samuel

Davi foi ungido, e para encurtar toda uma longa história entre ele e Saul, se tornou rei. Então, as coisas mudaram; aquele que recebeu o investimento, aquele que foi equipado e ungido por Samuel, passou a ter mais autoridade, mais poder e mais *notoriedade*! É dele de quem todos falam; é ele a quem as pessoas mais respeitam; e ele é, sim, o rei escolhido por Deus!

Muitos ao nosso redor se tornarão melhores, mais respeitados, com mais autoridade e *notoriedade* do que nós! Serão mais concatenados, organizados em suas ideias e em seus projetos; serão maiores e alcançarão mais pessoas do que jamais fomos capazes de alcançar. E, sabe de uma coisa? Você precisa aprender a lidar com isso! Esse é seu chamado!

Assim como foi o de Samuel, você precisa equipar e promover pessoas que serão maiores que você.

E quando isso acontecer, quando seu discípulo compartilhar na célula e todos o elogiarem; quando ele liberar uma palavra profética e ela se cumprir; quando as pessoas preferirem ouvir a pregação dele ao invés da sua, como você vai agir? É muito lindo essa história de ensinar sobre investimento, mas como realmente agimos? O que realmente nosso coração sente?

Quero preparar você para algo que será divino: Eles se tornarão muito maiores! Muito melhores! Com mais autoridade! E, naqueles momentos, não tente requerer nada! Não tente abafar o mover de Deus! Não seja Saul na vida de Davi! Graças a Deus, em nossa família de igrejas, essa é uma verdade muito entendida e reconhecida. Então, não quero falar muito sobre isso, mas é preciso que você invista sabendo que eles crescerão e que serão, sim, mais reconhecidos que você, e essa será sua glória e sua coroa.

Capítulo 6

EQUIPANDO DE VERDADE

Todos nós que estamos envolvidos com discipulado, ou seja, com a arte e a alegria de fazer discípulos, estamos, de certa forma, equipando pessoas. Assim como relacionar é um aspecto básico do discipulado, o equipar também é. Você equipa quando compartilha uma palavra, você equipa quando ora, você equipa quando *dá* oportunidade e etc. Neste momento do texto, todavia, gostaria de tratar das coisas que são formas práticas de investir naqueles que estão perto de você; pretendo discorrer procurando auxiliar cada leitor quanto a essa questão de investimento, tentando deixá-lo mais consistente, portanto, diria que serei um tanto mais pragmático em minha exposição.

Erros, falhas, incoerências e atitudes inapropriadas que eventualmente você cometeu ou cometerá nesse processo não podem ser motivo para desânimo, mas, sim, de recomeço, de início de uma nova história. Nunca desista por mais que você erre ou tropece; dê sempre uma nova chance a si mesmo. Também, nunca desista daqueles que caminham com você, por mais que sejam, às vezes, relapsos, fragmentados, doentes na alma ou irresponsáveis. Se você investir neles, sem uma mente engessada, mas transformada pela Palavra de Deus, os frutos virão, o crescimento aparecerá e a alegria tomará tanto seu coração quanto o deles.

Portanto, não importa quem você seja nem seu nível de autoridade e liderança; quero que você receba esses princípios e os aplique em sua vida e ministério, para que aqueles que estão próximos a você percebam a unção de semeador e de investidor que mora em seu coração.

1. Exemplos influenciam mais que palavras

Minha filhinha, de 1 ano meio, nunca nos deixou cortar sua unha pacificamente. Toda vez que víamos que a unha dela a estava machucando a ela e, também, *nos machucando*, era uma verdadeira luta! Com ela acordada, impossível! Então, começamos a tentar cortar suas unhas enquanto ela dormia; o problema é que de, alguma forma, a Nicole passou a acordar enquanto estávamos, calmamente, silenciosamente, cortando sua unha. Incrível! Não dava para entender! Era só tocar nos dedinhos dela, que ela acordava! Então, a solução foi voltar à batalha, quase medieval, de fazer isso com ela acordada mesmo. Muito choro! Muita gritaria! Muito cansaço!

Por incrível que pareça, um dia, um milagre aconteceu. Eu estava assentado, na sala de nossa casa, e comecei a cortar minhas próprias unhas. De repente, ela chegou perto de mim, olhou para o que eu fazia e disse: "Papai.. papai..." enquanto apontava um dedinho para mim. Ela estava pedindo para eu fazer com ela, exatamente o que estava fazendo comigo. E, sabe o que aconteceu? Cortei todas as unhas da Nicole enquanto ela sorria e curtia o momento. O fato dela ver-me cortando minhas unhas, a ensinou, mais que qualquer outra coisa que eu pudesse fazer, que essa atividade não era tão monstruosa ou dolorida quanto ela pensava ser.

Entenda: esse simples exemplo é apenas para fazer você acordar sobre um fato. Você pode ensinar sobre respeito, pensando que assim estará equipando seu discípulo, mas se ele não ver respeito em sua vida e em suas atitudes, ele não absorverá aquele princípio. A maior forma de investirmos nas pessoas que estão ao nosso redor é com nosso exemplo, e não com nossas palavras!

Aquilo que você faz grita tão alto, que as pessoas não conseguem ouvir sua voz. Suas ações, de fato, falam mais que qualquer uma de suas palavras. Portanto, se você quiser investir, definitivamente, você precisará mudar e estar atento às suas próprias atitudes. Não fale mal das pessoas, não critique, não desmoralize, não seja egoísta, ame de verdade com ações e atitudes, tenha uma fé prática, demonstrada através de ações correspondentes. Esse é o princípio do discipulado! Esse foi o princípio de Jesus: *caminhar três anos com seus discípulos de forma que o exemplo de vida dEle os transformasse.*

Não fique insistindo em cortar as unhas do seu povo, sem que eles vejam você cortar as suas. Não fique falando e repetindo duzentas vezes a mesma coisa, mas deixe que eles vejam suas ações e aprendam com elas. Acredite, exemplos influenciam mais que palavras.

2. Oportunidade na dificuldade

Dificuldades financeiras, emocionais ou de relacionamentos são barreiras que limitarão a liderança daqueles que caminham com você. Se quisermos equipar nossos discípulos, precisamos ensiná-los a enxergar oportunidades nas dificuldades.

Cada dificuldade é, na verdade, uma porta para que o poder de Deus possa operar. Se nossos discípulos têm dificuldades em se relacionar, esse é o aspecto em que Deus trará o milagre e mostrará sua glória. Não podemos deixar que dificuldades financeiras parem a obra de Deus, não podemos deixar que dificuldades emocionais destruam os líderes que Deus pretende levantar. Portanto, precisamos tomar a decisão de, diariamente, ensinar aqueles que estão ao nosso redor a enfrentar as dificuldades com um sorriso no rosto, com a Palavra nos lábios e com a fé no coração.

Se quisermos investir, se quisermos equipar, precisamos ministrar sobre fé, explicar sobre fé e agir em fé para cada direção que Deus colocar em nosso espírito. Se quisermos levantar líderes fortes, eles precisam aprender a enxergar oportunidades nas dificuldades. As batalhas virão, a oposição estará lá, mas através do nome de Jesus, as células serão frutíferas, nossos líderes multiplicarão a visão dada por Deus e nosso discipulado será, cada dia mais, consistente e forte. Vamos transformar a escassez em fé, o caos em oportunidade criativa e inspirá-los a ter sonhos e projetos.

3. Uma alma transformada

Quando nos preocupamos verdadeiramente com aqueles que caminham sob nossa liderança, precisamos desempenhar um papel fundamental: investir em suas emoções. Ao aceitarmos Jesus, nosso espírito foi feito novo, mas nossa alma, mente, vontade e emoções ainda permanecem completamente equivocadas em sua maneira de viver.

Assim, temos pessoas ciumentas, egoístas, *briguentas*, escandalosas, choronas e etc. Enviar essas pessoas para o *Curso de Maturidade no Espírito** não é a resposta final para esses problemas. Talvez possa ser a mais fácil, mas não será a que produzirá mais resultado.

Em um discipulado verdadeiro, Deus espera que nós, líderes, sejamos responsáveis por investir de forma integral em nossos discípulos. Precisamos, portanto, identificar as falhas, as debilidades e ajudar nossos discípulos! Não deixe isso para o professor do *Cursão*, não deixe isso para o pastor fulano de tal. Você precisa ser paciente, você precisa plantar sementes de confiança, sementes de amor, sementes de correção e de transformação.

Um discipulador que quer ver seus discípulos avançarem investe na transformação da alma de cada um deles, pois sabe que sem esse investimento deliberado e consistente, ele terá pessoas doentes caminhando sob sua autoridade. E, assim como laranja gera laranja, pessoas doentes geram pessoas doentes. Não podemos, simplesmente, exigir que nossos discípulos avancem em certas áreas sozinhos; precisamos participar do processo como investidores, como líderes que encorajam, líderes que corrigem, líderes que acompanham.

Esse tipo de investimento produzirá uma equipe mais sadia, que saberá o que fazer com suas crises, calúnias, fobias, angústias e, muitas vezes, culpa. Equipes que saberão trazer ao trono de Deus as dificuldades que estão dentro de si mesmas, o que resultará numa experiência mais frutífera para todos dessas equipes.

4. Investindo tempo

Muitas vezes, nossos discipulados se resumem à uma reunião semanal de uma ou duas horas; nelas, fazemos perguntas rasas e preenchemos relatórios. Veja bem, os relatórios e as reuniões para definirmos projetos e vermos os resultados daquilo que estamos aplicando são essenciais em nossa estrutura. Mas isso não resume o discipulado. Fazer discípulo, investir em gente, vai muito além dessa reunião, muito além dessa comunhão com coca-cola e pizza, em que todos não veem a hora de acabar para poderem ir embora.

Precisamos entender que transferir liderança, compartilhar ferramentas e investir no propósito de outra pessoa vai exigir muito mais do nosso tempo. Vai exigir mais de nossas forças e de nosso dinheiro também. Precisamos aprender a caminhar juntos, de perto, transferindo caráter, unção e graça. Os discípulos caminharam lado a lado com Jesus o tempo todo! Eliseu decidiu ficar colado a Elias! E você? Qual tipo de discipulado você tem apresentado àqueles que estão caminhando sob sua liderança?

Comece a se preocupar, de verdade, com vida de cada um deles; comece a investir individualmente, diariamente, vinte e quatro horas por dia! Ore por eles, ligue para eles, mande uma mensagem, marque um almoço, um jantar, um café ou qualquer coisa que você quiser! Mas quando chegar lá, esqueça os relatórios, esqueça do tempo, esqueça de sua vida e invista. Se interesse pelas dificuldades que estão passando na família, no trabalho ou na escola. Se interesse pela vida de seus discípulos a ponto que as dores deles serão, *verdadeiramente*, as suas. Quem quer conquistar a confiança e se conectar a seus íntimos, tem de se fazer pequeno, e fazê-los importantes. Tem de dizer palavras nunca ditas, fazer coisas que nunca foram feitas e entender que somos apenas *Samuel* equipando e promovendo Davi.

Esse tipo de pastoreio gera uma unidade, uma comunhão e uma ligação entre líder e liderado, e nada será capaz de destruí-lo. Um sonho fora do comum vai exigir um discipulado fora do comum.

5. Não seja um manual de regras

Nada pior que encontrar pessoas desejando apenas saber se você produziu algum resultado, se sua célula avançou e, depois, de forma superficial, perguntam sobre sua vida. Pessoas que operam como se fossem movidas por um manual de regras do tipo *"7 passos para uma reunião de discipulado"*.

Relacionamento exige espontaneidade, conversa, interesse pela vida da pessoa que está com você. Não podemos ser um manual de comportamento, ética ou apontamento de falhas e erros. Se assim fizermos, estaremos criando máquinas e tentando apenas consertá-las, mas não formaremos líderes pensantes nem discípulos amados.

Jesus rasgava o coração daqueles que caminhavam com Ele; derramava graça sobre aqueles que todos julgavam; pregava o perdão enquanto todos queriam vingança. Ele não tinha as coisas roboticamente programadas; Ele não organizava suas próximas palavras e atitudes baseando-se em algum manual; Jesus era espontâneo! Ele simplesmente expressava em si a vida de Deus.

Deixe que seus discípulos o conheçam de verdade, fale sobre seus erros, seus acertos, suas falhas e seja franco ao falar das dificuldades que viveu. Permita que seu discipulado seja, também, um local de risos, abraços, choros e orações. A espontaneidade produzirá coisas incríveis nesse relacionamento entre discípulo e líder, acredite. Esqueça os *7 Passos*, deixe que o Espírito de Deus guie e ensine você; Ele é seu ajudador.

6. Não superproteja

Líderes inteligentes entendem que seus discípulos precisam ser formados, também, pela experiência de errar. Aprendemos muito com nossos erros; na verdade, às vezes, aprendemos mais com erros que com acertos. Mas, uma coisa é fato: seja erro ou acerto, ninguém aprende a nadar lendo um livro. Amo livros, amo estudar e ler, mas a maior parte do que escrevo aqui devo ao que vivi e vivo.

Portanto, deixe que seus discípulos ponham a mão na massa! Deixe-os falhar. Caso contrário, você formará líderes frágeis, incapazes de lidar com frustrações, perdas, danos e derrotas. Quando falharem, leve-os a Deus. Leve-os à Palavra! Você estará ensinando-os a responder no futuro!

Não tome a direção de algo apenas porque você faz melhor e mais rápido; não os tire da liderança apenas porque, ao seu ver, ainda não são capazes. Acredite em seus filhos espirituais, pois, acima de tudo, são filhos de Deus! Nosso Pai celestial cuidará para que cresçam e avancem; Ele é o dono da obra, somos unicamente seus mordomos. Que sejamos sensíveis a ouvir do Espírito sobre quando investir e confiar mais trabalho em um de nossos discípulos, pois é o Senhor quem os têm levantado na edificação de sua casa.

Criar líderes dentro de uma arredoma de proteção é a melhor opção para ter futuros líderes extremamente dependentes de seus discipuladores. Quando agimos assim, geramos pessoas que não sabem se voltar para Deus na hora da dificuldade, que não conhecem os milagres que o Senhor pode operar, mesmo quando tudo parece perdido. Então, deixe-os crescer; deixe-os liderar; esteja por perto, mas creia que Deus está no controle. Não superproteja.

Lembre-se de que liderar é tirar o melhor de seu discípulo e levá-lo ao máximo de seu potencial. Liderar é mostrar o propósito de Deus para seus discípulos; é incentivá-los e influenciá-los a cumprir esse propósito. Liderar é inspirar a romper fronteiras e alcançar sonhos, e nada disso pode ser feito sem um discipulado R.E.A.L. Portanto, hoje mesmo, decida fazer algo diferente: invista de forma diferente nas pessoas que caminham com você. Não perca tempo! Ligue agora e marque um café ou um jantar com seus discípulos. Ore por eles e os encontre com o coração de um semeador; não se esqueça de que é você quem deverá pagar a conta! Ainda, leve uma surpresa de presente para eles! Não falo aqui de coisas caras nem valiosas pelo preço, mas falo de atitudes valiosas devido às intenções do coração. Demonstre o quanto eles são importantes; deixe-os saber disso. Você é um Samuel, promova seus *Davis*.

Capítulo 7

A.MAR

É impressionante o quanto a Bíblia nos deixa claro sobre a importância de andar pela fé. Em quatro passagens diferentes (Hebreus, Gálatas, Habacuque e Romanos) o Espírito Santo nos direciona: *"O justo viverá pela fé"*. *Viverá* fala de tudo em nossa vida: nossas decisões, nossas palavras, nossos planos, nossos sonhos, tudo o que fazemos. A casa da vida que construímos sobre areia ou sobre a rocha precisa estar alicerçada na fé. Nosso projeto existencial precisa ser fundamentado na fé, pela fé e através da fé.

> **Fomos criados a caminhar pela fé nas promessas e no propósito de Deus para nossas vidas.**

Já fomos convencidos que somos "justos" e, portanto, esse texto fala de mim e de você. Mas, fomos convencidos a andar pela fé? Muitas vezes nos tornamos defensores árduos de coisas que a Bíblia não dá ênfase alguma, e nos tornamos leigos nas coisas que ela enfatiza.

Um segredo ministerial muito grande e que aprendi bem cedo foi que devemos dar atenção a tudo aquilo que a Bíblia dá atenção. Muito simples, não é mesmo?

Acredito muito que nossas pernas foram criadas para que possamos caminhar; posso até mesmo imaginar Deus dando a direção: "Os humanos devem usar suas pernas para caminhar!" Essa direção, que vem da boca de Deus, nos faz presos às nossas pernas! Podemos tentar caminhar utilizando nossos braços, talvez vamos conseguir por um curto espaço de tempo, mas não teremos sucesso vindouro. Por quê? Porque fomos criados para andar utilizando nossas pernas.

Talvez você esteja se perguntando. O que você quer dizer com isso? Quero dizer que você pode tentar viver por seus próprios esforços, pela sua própria capacidade e inteligência, mas isso não vai durar muito tempo, pois existe uma lei divina que definiu, que preparou e destinou você a andar pela fé! Fomos criados a caminhar pela fé nas promessas e no propósito de Deus para nossas vidas. Deus justificou e preparou você para que suas decisões, palavras e ministério fossem regidos pela fé na Palavra dEle.

O problema é que muitas pessoas estão tentando viver por seu próprio esforço e planejamento; é como se estivessem tentando caminhar utilizando qualquer outro membro do corpo, mas não as pernas. Isso não vai funcionar, porque fomos criados para viver pela fé!

Paulo nos fala de correr com perseverança a carreira que nos foi proposta. Não será possível correr sem nossas pernas (fé). Correr utilizando os braços (esforço próprio) ou com qualquer outro membro nos trará desgaste e acabaremos caindo. Se quisermos nos tornar tudo o que Deus nos criou para sermos, precisamos seguir e ser guiados pela Palavra dEle; precisamos viver pela fé.

Então, você vê a importância da fé em nossas vidas? A fé é a força que vai reger e guiar tudo o que fazemos! Precisamos estudar mais sobre esse assunto; precisamos nos tornar mestres no ensino e na prática da fé; precisamos receber mais e mais sabedoria divina para que possamos fluir e avançar!

Mas, saiba de algo interessante: a Bíblia nos mostra que há algo ainda mais importante do que a fé, mais poderoso e que, como veremos, faz com que a fé funcione: esse algo é o Amor!

O amor é maior

Agora, pois, permanecem a fé, a esperança e o amor, estes três; porém o maior destes é o amor. (I Coríntios 13.13)

Depois de tudo que vimos sobre a fé, depois de reconhecermos a importância da fé em nossa vida, a Bíblia nos mostra que entre fé, esperança e amor, o amor é o maior deles! É o mais importante, é o mais poderoso, é aquele do qual precisamos estudar mais a fundo e colocar em prática com mais consistência.

Que coisa tremenda! Vivemos pela fé, mas o amor é mais importante. Mas, como isso funciona? Vimos quatro vezes a direção de viver pela fé e, então, percebemos que amar é mais importante do que ter fé? Como pode ser?

A energia da fé

... a fé que opera pelo amor. (Gálatas 5.6)

Quando a palavra de Deus diz "opera", no grego, essa palavra é *"energeo"*, ou seja, o amor é a energia, a força, a bateria, o combustível da fé. Sua fé nunca funcionará se você não andar em amor.

Imagine uma caixa de som muito, muito potente, capaz de emitir um som tão alto que pode ser ouvido cerca de 100 quilômetros de distância. Agora vamos dizer que, no momento em que esta caixa de som está sendo usada, transmitindo som para uma quantidade enorme de pessoas, a energia, simplesmente, acaba. O que vai acontecer? A caixa de som não vai produzir som, pois, afinal, não tem energia!

Você tem uma caixa de som potente? Sim! Sua caixa de som tem poder para fazer coisas grandes? Sim! Está ela produzindo algum resultado? Não! Mas, por quê? Porque ela opera através da energia e, sem energia, não há resultados. Você não precisa levar sua caixa de som para o conserto, uma vez que ela não está estragada. O que você precisa é fazer com que a energia volte!

O mesmo acontece com a fé. Talvez você tenha uma fé capaz de remover montanhas, talvez sua fé seja muito potente, mas se você não anda em amor, sua fé não produzirá nenhum resultado! Da mesma forma que a fé sem obras é morta, a fé sem amor é inoperante, pois não possui energia para operar.

Você vê, então, o porquê de o amor ser mais poderoso do que a fé e a esperança? O amor é nossa energia; o amor é aquilo que nos dá força; o amor é o que vai fazer seu discipulado avançar, crescer e se sobressair. Um discipulado sem fé é um discipulado fraco, que não crê nos sonhos nem nas palavras de Deus. Portanto, se quisermos desenvolver fé em nossas vidas e em nossos discípulos, precisamos, antes de tudo, caminhar e agir em amor.

Esse amor de Deus, sendo manifestado através de você, criará fortes laços em seu discipulado que não poderão ser abalados por nenhuma crise ou dificuldades. O amor une pessoas, conecta ministérios, sustenta famílias e promove um discipulado verdadeiro.

Sua fé opera pelo amor e seu discipulado também. Seus discípulos precisam perceber atitudes de amor; eles precisam enxergar um líder amoroso, segundo o coração de Deus. Isso fará com que sua liderança avance e, consequentemente, seu discipulado se tornará forte e consistente. E, por favor, não tenha em mente que um líder amoroso é um líder fraco; não tenha a mentalidade de que ser amoroso é algo ligado a carinho. Isso não é verdade, não mesmo.

> *O amor une pessoas, conecta ministérios, sustenta famílias e promove um discipulado verdadeiro.*

Um líder que anda em amor é alguém que segue o padrão de Deus. Alguém que acredita em seus liderados até o fim. Alguém que não é soberbo, que não se ufana, que não procura próprios interesses. Um líder que anda em amor é alguém que tudo crê, tudo suporta, tudo espera! Definitivamente, é alguém que nunca desiste.

Esse é o padrão do amor; e esse é o padrão que precisamos seguir. Minha pergunta para você é: qual tem sido seu nível de amor? Suas atitudes são coerentes com essa definição de um líder amoroso ou você é "estourado" e não pode ver nada saindo do controle que já grita e esbraveja com o primeiro que vê pela frente?

Quais são suas atitudes quando as coisas saem do seu controle ou não saem como você as planejou? O que você diz ou como você age quando pessoas que andam com você falham, erram e criam problemas? Quem é você no momento da crise?

É muito fácil pregar sobre amor, ensinar a igreja sobre um Deus amoroso, e não praticar o que ensinamos. Talvez você diga: "Mas essa é minha personalidade, e as pessoas já se acostumaram comigo." ou, ainda, "sou assim mesmo, e se quiser andar comigo, tem que aceitar-me como sou".

A Bíblia condena essa atitude! Personalidade não pode produzir grosseria. Personalidade não pode produzir um ambiente de tensão em todo o tempo. Esse não foi o discipulado edificado por Jesus. Se Deus é misericordioso com nossos erros, precisamos ser misericordiosos com os erros daqueles que estão próximos de nós.

Deus é amor

Aquele que não ama não conhece a Deus, pois Deus é amor. (I João 4.8)

Que afirmação mais poderosa e intrigante! Aquele que não caminha em amor, aquele que suas atitudes não são *atitudes* de amor não conhece a Deus. Uau! Não sei quanto a você, mas isso faz-me rever meu discurso e ações. Precisamos reavaliar nosso estilo de liderança e, também, nosso estilo de vida. Como você quer ser conhecido? Como aquele que expressa o caráter de Cristo ou como aquele que expressa a si próprio?

Deus é amor! Se quisermos expressá-lo, se quisermos ser a imagem de Cristo, precisamos caminhar, falar, agir e tomar decisões guiadas pelo amor. Essa é a essência, a natureza de Deus. Tudo o que Ele faz está relacionado com essa natureza interna poderosa.

Se suas atitudes não são baseadas em amor, certamente, você ainda não teve um encontro verdadeiro com Cristo. Você não conhece a Deus. Isso é o que o Espírito Santo está nos mostrando através da Palavra.

Nosso Deus é conhecido como aquele que ama, como aquele que dá e que se entrega pela criação. Aquele que atravessa galáxias, mundos, eras e tempos para salvar a criação que o traiu. Isso é um amor que não pode ser explicado nem descrito. Esse é o ponto mais alto do Evangelho: um criador que se entrega pela criatura! Isso é um escândalo. Isso é loucura! Esse é nosso Deus.

O amor tem um poder extraordinário: o poder de trazer pessoas à vida; o poder de curar aqueles que foram machucados; o poder de restaurar aqueles que estão sem esperança; o poder de gerar vida onde há morte; o poder de fazer com que sua fé e seu discipulado sejam fortes e frutíferos! Da mesma forma que não há cristianismo verdadeiro sem amor, sem entrega, sem investimento, também, não há discipulado sem que este esteja enraizado no amor que vem de Deus.

Não estou falando aqui do amor como um sentimento de bondade ou de prazer, mas do amor que é expresso em ações e em atitudes diárias; atitudes que são capazes de trazer vida, reconciliação, perdão e paz aos que precisam dessas coisas. Atitude de entrega total de si mesmo, sem esperança de retorno ou de qualquer tipo de lucro, uma atitude de entregar-se à morte por aqueles a quem amamos e a quem discipulamos.

Definindo amor

*Porque Deus **amou** o mundo de tal maneira que **deu** o seu filho... (João 3.16)*

Amar é um verbo e precisa ser entendido como tal. Vemos aqui que a expressão do amor de Deus se concretizando no ato de Ele ter nos dado seu filho. A demonstração do verdadeiro amor que a Bíblia nos traz é através de uma atitude ou ação de dar!

Aqui, encontramos nossa direção; aqui, recebemos o caminho que devemos seguir. Quer amar? Então dê! Dê tudo! Tempo, investimento, dinheiro, compaixão, ferramentas, sua vida. Enquanto não entendermos esse princípio, nosso discipulado ou nossos relacionamentos serão fracos, rasos e sem resultado *geracional*. Se quisermos investir de verdade em pessoas, precisamos resolver nosso coração em relação ao dar. Esse é o modele de Deus! Amar é se entregar com ações!

> "Se Deus é misericordioso com nossos erros, precisamos ser misericordiosos com os erros daqueles que estão próximos de nós."

E não apenas dar o que podemos, mas dar nosso melhor. Pegar aquilo que temos de mais precioso, aquilo que temos de mais caro e de mais importante. Foi assim com Deus; e precisa ser assim comigo e com você. Enquanto damos aquilo que sobra, enquanto fingimos amar entregando o que não nos é importante nem valioso, não seremos capazes de desenvolver um discipulado como Jesus desenvolveu. A força do discipulado de Jesus estava no nível de entrega de sua vida. Ele deu tudo! Entregou tudo! Entregou até o fim! Ele deu a própria vida!

Se quisermos resultados sobrenaturais, precisamos agir, sobrenaturalmente, sendo imitadores de Cristo quanto à entrega e ao investimento que fazemos no Reino.

Mas, aqui, vai uma pergunta: quão importante seus discípulos são para você? Por que seu nível de entrega será na medida da importância que você dá a eles. Deus amou o mundo de tal maneira! Tem você amado seus discípulos de tal maneira? Essa resposta mostrará se você está mesmo entregue à direção de Cristo: *ide e fazei discípulos!*

Ah, como eu amo essa visão! Sou completamente apaixonado pela direção de Jesus. E esse amor interno precisa se transformar em atitudes exteriores e diárias de entrega total ao chamado! Você foi chamado para entregar tudo! Você foi chamado para fazer parte do grupo de pessoas da estirpe de Paulo, Pedro e de todos aqueles que se entregaram completamente ao ministério. Você foi chamado para discipular caminhando em amor, entregando tudo até o fim!

Então, precisamos resolver isso dentro de nossos corações e no relacionamento com nossas famílias. Fomos chamados para perder, fomos chamados para dar, fomos chamados para investir e, finalmente, fomos chamados para A.MAR.

Então, esqueça o que você vai receber como retorno, não se apegue a essas coisas. O reconhecimento virá de uma forma ou de outra, mas esse não é seu foco. Honra e crescimento são consequências de uma vida entregue a investir em outros. A Bíblia nos mostra que Jesus se despiu de toda honra e glória, se entregando totalmente em obediência até a morte de cruz. Qual foi o resultado? Deus elevou seu nome acima de todo nome. Jesus se entregou, Deus o elevou. O mesmo ocorrerá com você quando seu coração for como o de Cristo, que se entregou sem esperar os resultados nem os holofotes.

Então, entenda isso: A.MAR sempre vai exigir o melhor de você. Jesus foi o melhor de Deus, e Ele o entregou. Qual será seu nível de entrega?

> Se quisermos resultados sobrenaturais, precisamos agir, sobrenaturalmente, sendo imitadores de Cristo quanto à entrega e ao investimento que fazemos no Reino.

Onde estao suas raízes?

Oro para que estejam arraigados e alicerçados no amor. (Efésios 3.17)

> **Quando paramos de colocar nosso foco nos frutos e começamos a focar nas raízes, teremos como resultado, como consequência, frutos saudáveis e que permanecem.**

Pense em uma árvore bem grande, forte e saudável. Ela não se preocupa em expelir as folhas velhas nem em produzir frutos bons. Uma árvore saudável é resultado de raízes bem nutridas, bem alimentadas e que recebem a quantidade exata de nutrientes.

Quando a tempestade vem, o vento e a chuva atingem a árvore, o que pode lhe servir de ameaça; todavia, uma árvore se assegura em suas raízes, pois são elas quem a sustenta. Não são os frutos o sustento de uma árvore. Quanto mais profunda e forte for a raiz, mais segura estará a árvore.

As raízes também são a fonte de nutrientes e de vida para árvore; são delas que vem a qualidade dos frutos e tudo o que uma árvore produz. Das raízes vem a essência do que vemos exteriormente em uma árvore. O mesmo acontece conosco enquanto cristãos. Nossos frutos, nossa vida, nossa força e a qualidade de nossas obras vêm do lugar em que nossas raízes estão plantadas.

Daí o motivo de Deus nos direcionar para estarmos alicerçados e enraizados em amor. Quando o amor, que é o próprio Deus, é nossa fonte de nutrientes, nossos frutos terão a qualidade, a vida, a essência e a força que vem dEle. Portanto, não podemos, de forma alguma, desenvolver um discipulado R.E.A.L sem que o A.mor seja parte desse processo.

Precisamos A.mar! Precisamos praticar o amor, precisamos ter nossas raízes tão profundas em Deus para que tudo aquilo que fizermos possa ter a qualidade e a essência do amor.

Quando paramos de colocar nosso foco nos frutos e começamos a focar nas raízes, teremos como resultado, como consequência, frutos saudáveis e que permanecem. Deus tem nos chamado para frutificar. Ele planejou uma liderança frutífera para cada um de nós, mas não podemos frutificar da maneira de Deus se nossas raízes não estiverem enterradas em seu amor.

Sem amor, nada do que fizermos será, realmente, relevante. Sem amor, nada do que produzimos terá a vida de Deus. Se tudo o que edificarmos não for feito com a vida e os nutrientes que vêm de raízes plantadas no amor, estaremos edificando para nós mesmos, e não para Deus. Se seu discipulado não estiver arraigado, preso, plantado no amor, então, você não tem construído um discipulado verdadeiro nem frutífero.

Capítulo 8

APLICANDO O AMOR EM NOSSAS VIDAS

Então, agora precisamos enxergar a aplicação desse conceito em nosso discipulado. Como viver e praticar esse estilo de liderança que é baseado no amor? Como A.MAR de verdade aqueles que estão caminhando ao nosso lado? O Espírito Santo nos deu bases sólidas e detalhadas sobre como agir e sobre o *que* meditar para que possamos desenvolver e progredir em nossa caminhada de amor.

O amor é paciente, é benigno; o amor não arde em ciúmes, não se ufana, não se ensoberbece, não se conduz inconvenientemente, não procura os seus interesses, não se exaspera, não se ressente do mal; não se alegra com a injustiça, mas regozija-se com a verdade; tudo sofre, tudo crê, tudo espera, tudo suporta. O amor jamais acaba; mas havendo profecias, desaparecerão; havendo línguas, cessarão; havendo ciência, passará; porque, em parte, conhecemos, em parte, profetizamos [...] agora, pois, permanecem a fé, a esperança e o amor, estes três; porém o maior destes é o amor. I Coríntios 13:4-13

Essa definição de amor precisa ser nossa base para nossas meditações, orações e atitudes. Não podemos confundir o verbo A.MAR com o sentimento que chamamos de amor. Esse sentimento que a sociedade conhece como amor nada mais é do que um ato de egoísmo. Isso mesmo! Você diz: "Eu amo esse lugar!" Por quê? Porque o lugar satisfaz ou traz alguma sensação boa para você. Você diz: "Eu amo essa casa!" Por quê? Porque ali tem o que você precisa e, ainda, a arquitetura, as cores e ambiente são exatamente do jeito que você gosta. Você diz: "Eu amo essa pessoa!" Por quê? Porque ela fala coisas que você gosta ou se veste da maneira que agrada você;

de certa forma, tal pessoa faz você se sentir bem.

Os conceitos postos acima condizem com aquilo que dizemos ser "amor". Acredito que por tais exemplos, você consegue enxergar que tudo o que a sociedade diz *ser amor*, na verdade, não passa de um meio de satisfação pessoal que nada mais é que um ato egoísta de se ter as coisas. Bem, por mais trágico que pareça ser, isso não é amor! Isso pode ser qualquer outra coisa, mas não pode ser amor! Mas, o que seria o amor? A Bíblia o define bem em I Coríntios 13, vamos ver, então, esse texto bíblico por partes.

> Esse sentimento que a sociedade conhece como amor nada mais é do que um ato de egoísmo.

O AMOR É *PACIENTE*

A paciência é, muitas vezes, mal interpretada por nós. Pensamos que paciente é aquela pessoa pacata, que aceita tudo, e não faz nada. Mas, a paciência, na verdade, traz uma conotação de perseverança e consistência. O dicionário a define como o ato de permanecer com a mesma atitude debaixo de diferentes situações e pressões. E qual é o melhor momento para exercitar a paciência e a perseverança?

> **Um líder verdadeiro é paciente; ele compreende os tempos e as estações de cada um.**

Quando as situações não são ou não estão como gostaríamos que estivessem.

Em um discipulado verdadeiro, vamos trabalhar com todos aqueles que Deus colocar perto de nós. Não podemos simplesmente escolher os melhores e fazer um "time dos sonhos". Davi recebeu de Deus homens que eram errantes, devedores e covardes. Mas, após caminharem debaixo de um discipulado com o homem que era segundo o coração de Deus, eles se transformaram em valentes! Qual foi a estratégia de Davi? Como ele fez isso? Entre muitos outros aspectos, podemos, claramente, ver a perseverança ou paciência em ação na vida de Davi.

Você terá pessoas que não respondem à mesma velocidade que a sua. Pessoas que não crescem tão rápido quanto você esperava que cresceriam, e outros que parecem, até mesmo, estarem regredindo. Esse será o teste do amor em seu discipulado. O que fazer agora? Esquecer esses "problemas"? Deixá-los para trás? Dizer que "não responderam"? A escolha é sua, mas o amor é paciente e persevera! O amor continua investindo, investindo, acreditando e se doando por cada um deles até que todos se tornem valentes!

Um líder verdadeiro é paciente; ele compreende os tempos e as estações de cada um. Um líder verdadeiro não deixa as circunstâncias o desanimarem, pois não está focado nos resultados que a pessoa pode trazer, mas na "pessoa" que está por trás dos resultados.

Não sei como foi com você, caro leitor, mas eu recebi investimento com perseverança e paciência. Eu demorei a responder; fui lento em várias áreas da minha vida, mas agradeço àqueles que decidiram ser pacientes comigo. Pessoas que decidiram perseverar em investir em minha vida. Eu sou fruto do amor que é paciente!

Deus tem nos chamado para investir em uma geração. Mas esse investimento precisa ser acompanhado de paciência e perseverança. Não uma paciência que joga na cara as falhas e tropeços diários do discípulo, mas algo que vem de Deus, que flui do amor do Pai e é transmitido através de nossas atitudes. Atitudes que podem ser explicadas com a seguinte frase: "Eu não desistirei de você; sou paciente."

O AMOR É *BENIGNO*

Como o amor é definido por atitudes e ações, e não por um sentimento, à medida que estudamos sobre ele, precisamos, na verdade, averiguar nossas atitudes, em vez de ficarmos presos às nossas intenções. Há muitas pessoas que tratam as outras de forma estranha, apesar de terem a melhor das intenções no coração. O amor não é assim; ele transcende as intenções e opera nas atitudes e ações.

Podemos ver através desse texto de Paulo que o amor é benigno, o amor é bondoso! Essa palavra "bondoso", vem do grego ("*chresteuomai*") que, por sua vez, devido sua raiz, também reflete a atitude de ser *agradável, benevolente, bom; cuidadoso ao lidar com pessoas.* Isso nos faz pensar sobre nossas atitudes com os outros, sejam as simples, sejam as complexas; por exemplo, você tem estado atento quanto às palavras que você usa ao lidar com outros? Quais são as expressões que você utiliza ao falar com seu discípulo? Como tem sido esse tipo de relacionamento?

Muitas vezes, ao pensar sobre nossas atitudes em relação aos outros, pensamos a respeito dos momentos em que estávamos bem, em que tudo estava sob controle; todavia, quero lhe perguntar: você é bondoso quando tudo dá errado? Você é bondoso quando as falhas aparecem? Você é bondoso quando suas direções não são seguidas?

Entenda: o amor não pode ser condicionado à essa ou àquela situação. Quando andamos em amor, caminhamos debaixo do princípio da bondade, independente se tudo está bem ou mal. Quando andamos em amor permanecemos bondosos nos momentos em que nossos discípulos acertam ou erram.

> "Quando andamos em amor, caminhamos debaixo do princípio da bondade, independente se tudo está bem ou mal."

Indiscutivelmente, o caminho do amor é o caminho da bondade.

O AMOR NÃO INVEJA

Inveja tem um significado interessante; seria o mesmo que ter um *fervor no espírito para conquistar aquilo que pertence a outro; ainda, ela seria um desgosto provocado pela felicidade de outro; uma espécie de sentimento de tristeza causado pela vitória de outra pessoa.* Se quisermos desenvolver um discipulado R.E.A.L., precisamos entender que nossos discípulos serão maiores do que nós; eles ainda terão mais autoridade, mais influência e mais capacidade também.

A inveja não permite que você se alegre com as conquistas dos outros e, às vezes, esse outro é alguém que caminha com você. Parece algo impossível de acontecer: *"Pastor, eu jamais invejei meu discípulo";*

> *A inveja não permite que o amor opere, pois a inveja quer tudo para si, enquanto o amor está focado em dar tudo de si.*

é o que você, talvez, esteja pensando. Mas, sabe de uma coisa? Isso só pode ter sido testado se seu discípulo possui algo que você não tem: talvez um carro melhor, uma casa mais bonita ou, falando de nossa liderança, talvez ele tenha mais influência que você. Muitas vezes dizemos que queremos investir, que queremos ver o crescimento de nossos discípulos, pois, afinal, os temos como nossos "filhos". Mas, o que acontece quando seu discípulo alcança uma posição superior à sua? Ou, o que acontece quando conquistam algo que você nunca conquistou? Ainda, e se seu discípulo for reconhecido de uma forma que você nunca foi? Ou, se de repente, você percebe que ele é melhor do que você em várias áreas da liderança, o que você faz?

A inveja não permite que o amor opere, pois a inveja quer tudo para si, enquanto o amor está focado em dar tudo de si. A inveja, muitas vezes, é demonstrada quando esnobamos conquistas de outras pessoas ou vitórias que gostaríamos que fossem nossas. Mas, como não podemos ter o que essas pessoas têm nem podemos ser o que são, decidimos ignorar o fato e não nos alegramos com o próximo.

Querido leitor, se você tem reconhecido uma pitada de inveja em suas atitudes e em seu coração, mesmo que seja mínima, quero lhe encorajar a confessar essas verdades do Amor em sua vida. Leia esse capítulo de I Coríntios em voz alta, medite nessa Palavra transformadora e dê espaço para que o Espírito Santo trabalhe em você, pois se a inveja continuar aí, o amor não poderá operar, sua fé não funcionará e seu discipulado não cumprirá o propósito de Deus.

Precisamos nos guardar contra a inveja! Precisamos nos guardar contra essa arma de Satanás para destruir relacionamentos, pois a situação de inveja é o momento em que muitos líderes, simplesmente, matam, destroem e enterram seus "discípulos". Com medo de perder prestígio e aplauso, o líder simplesmente começa a excluir o discípulo das tarefas, tira coisas das mãos dele e não o deixa avançar. Por quê? Porque o *"sentimento de tristeza causado pela vitória do outro"* inundou o coração do líder.

Sempre encontraremos pessoas melhores e mais capacitadas que nós. Seu teste é o teste de A.MAR, reconhecer os talentos, se alegrar com as vitórias e abrir caminhos para que seu discípulo vá ao lugar onde Deus o designou para ir, e se torne tudo o que Deus quer que ele seja. Não caia na cilada de tentar parar alguém. Você vai se frustrar, pois ninguém pode abater aquele a quem Deus está levantando. Talvez você o segure por algum tempo, mas Deus agirá de tal forma que, cada passo que você tomou para atacar e destruir a liderança dele, se voltará contra você mesmo. A.MAR fala de não ter inveja e de não querer aquilo que é de outro. Para que seu discipulado seja frutífero, você precisa rejeitar todo sentimento de inveja que o diabo queira trazer em sua mente e coração. Mais do que isso, você precisa ter atitudes correspondentes ao amor de Deus, e o amor de Deus não é invejoso.

O AMOR NÃO PROCURA OS PRÓPRIOS INTERESSES

Precisamos entender que uma das características do amor é que ele não procura os próprios interesses nem o que é *propriamente* seu. Ele não busca exatamente nada para si próprio. Portanto, o amor nunca estará ligado a você, mas ao outro, ou seja, ao discípulo que é o alvo do investimento. Quando amamos, agimos para o bem, para o benefício, para o deleite do outro, e não para nós mesmos. Foi assim que a Bíblia definiu o ato de A.MAR, pois o amor é altruísta.

Não se iluda pensando que gostar das pessoas que andam com você é o mesmo que amar cada uma delas. Verdadeiramente, seu amor será testado com aqueles que não fazem as coisas como deveriam fazer; ele será testado com aqueles que demoram a responder, e não crescem quando você esperava crescimento. Seu amor será testado quando você não receber nada em troca do investimento e, quando digo nada, é nada mesmo! Nenhum aplauso, nenhum tapinha nas costas, nenhuma gratidão, nenhuma cartinha de obrigado nem declaração pública de honra.

> Seu amor será testado quando você investir tudo o que tem, doar seu tempo e, ainda assim, a pessoa falar mal de você, reclamar de sua liderança, e não reconhecer nem seu esforço nem sua dedicação.

Seu amor será testado quando você investir tudo o que tem, doar seu tempo e, ainda assim, a pessoa falar mal de você, reclamar de sua liderança, e não reconhecer nem seu esforço nem sua dedicação. Se você for capaz de passar por situações assim e ainda manter um coração correto, continuando a investir em tais pessoas até o fim, então, você terá entendido o que é buscar apenas o interesse do outro. De fato, isso lhe mostrará o que é fazer sem esperar receber nada em troca, que é exatamente o amor no estilo de Jesus.

O AMOR NÃO SE VANGLORIA

Quando vemos as definições de vanglória, entramos em sérios termos quando comparados ao que Jesus Cristo nos deixou. *Vanglória* traz o sentido de tornar-se vaidoso; se envaidecer devido aos próprios feitos; está ligado a um sentimento de altivez em relação a outra coisa ou pessoa.

Um discipulador que se sente muito maior que seu discípulo, um pastor que se sente muito maior que sua ovelha ou um líder que se sente muito maior do que seus liderados caminham para longe do estilo de amor que Jesus nos deixou.

Esse sentimento de vanglória que toma o coração de muitos é algo muito sutil, pois enquanto discípulos entendemos que aqueles que nos lideram tenham, talvez, mais experiência e mais caminhada com Deus que nós e, esse é, sem dúvida, um dos motivos pelo qual os seguimos. Mas, enquanto líderes, precisamos ter a mente de Cristo, que não se apegou ao que tinha, que não se vangloriou, que não se envaideceu devido aos próprios feitos nem expressou nenhuma altivez em relação a nós.

O amor não permite esse tipo de sentimento ou atitude. O amor e a altivez não cabem no mesmo coração; ou amamos ou nos vangloriamos. Caso você tenha tratado seus discípulos com altivez, caro leitor e estudante de liderança, é hora de mudar suas atitudes.

A altivez cresce em um coração através da meditação nos aplausos recebidos. "Uau! Como sou bom!", "Uau! Todos querem caminhar comigo", "Olha o tamanho da minha igreja, da minha rede ou do meu discipulado". Quando meditamos em frases como essas, quando deixamos esse tipo de pensamento fazer morada em nossa mente, caminhamos fora do amor de Deus.

Que tipo de tratamento você tem com seus discípulos? Como você os vê? Como você fala com eles? Que tom de voz você usa? Essas e outras perguntas vão lhe mostrar, na prática, aquilo que está dentro de seu coração.

Caminhei durante muito tempo na Flórida com o pastor Márcio Alves. Se há algo que sei a respeito dele é que nunca o vi alterar sua voz com ninguém. Nunca! Não importava o problema ou circunstância; não importava se estava nervoso ou não; seu tom de voz sempre era o mesmo. Isso me ensinou que um homem de Deus não precisa

> *O amor e a altivez não cabem no mesmo coração; ou amamos ou nos vangloriamos.*

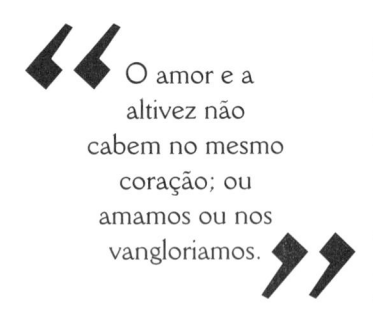

gritar para ser ouvido nem humilhar outros para ser respeitado.

Se você quer ter um discipulado R.E.A.L, você precisa aprender que não é melhor que ninguém, apesar de qualquer coisa que tenha conquistado. Não trate seus discípulos na base do grito e da ameaça, mas trabalhe para gerar amor e um relacionamento profundo dia após dia. Assim, seu nível de liderança e de influência crescerão drasticamente.

O amor não é arrogante

Arrogância é também definida como falta de humildade. O arrogante é aquele que não é capaz de se humilhar, de se ver abaixo de outros. Ser arrogante significa ser altivo, prepotente, ter a convicção de que é *expert* em vários assuntos. De modo geral, uma pessoa arrogante é considerada orgulhosa, soberba e presunçosa.

Sem nenhum tipo de dúvidas, essas palavras não expressam o caráter que Cristo nos deixou como exemplo. O problema é que, às vezes, estamos tão focados nas atividades, na correria do dia a dia, que deixamos essas características entrarem de forma sutil em nossas vidas.

Reconhecer uma pessoa arrogante não é difícil, mesmo em ambientes em que tal pessoa faz o melhor de si para não mostrar seu verdadeiro eu. Um arrogante está o tempo todo falando de si mesmo, contando suas histórias, suas conquistas e suas experiências. Um arrogante não permite que ninguém fale, afinal, ele não se interessa pela experiência de ninguém, a não ser a sua própria. Os arrogantes falam muito e usam sempre muitas expressões que apresentam grandeza extrema. Eles conhecem lugares melhores que você, estudou nas escolas mais caras, e tudo o que têm é o maior, o melhor e o mais cobiçado.

Caminhar com alguém assim é uma tristeza sem fim! Não há espaço para ninguém crescer, para ninguém falar. Relacionamento com um arrogante não existe, afinal ele não sabe ouvir nem dialogar. E, por fim, tem uma liderança fraca, devido sua falta de humildade. Quanto mais humildes, tanto mais do amor de Deus estamos praticando. Quando mais humildes, tanto mais aprendemos com os outros. Quanto mais humildes, tanto mais nossa liderança cresce.

O AMOR NÃO SE PORTA DE MANEIRA INCOVENIENTE

Discipulado é um lugar e um estilo de vida em que precisamos gerar um ambiente agradável para aqueles que estão ao nosso redor. Devemos ser cuidadosos com esse ambiente, pois é nele que Deus vai transformar vidas, inclusive a nossa.

Alguém que se porta de maneira inconveniente é alguém que não entende limites, não respeita personalidades, não age com decência. O amor não é assim; no amor agimos com atenção, respeito, medimos a forma de falar na frente dos outros, não chamamos a atenção de ninguém para humilhá-lo, não temos interesse em fazer pessoas se sentirem mal, pelo contrário, devemos fazer de tudo para que se sintam confiantes e protegidos ao nosso redor. O amor não se porta de maneira inconveniente.

O AMOR NÃO AGE EGOISTICAMENTE

Tudo o que tem a ver com seu ego, tudo o que tem a ver com seu próprio interesse passou longe do padrão do amor de Deus. Entenda bem, não quero dizer que desejar uma casa, querer trocar de carro ou ter uma grande célula são pensamentos que vêm do diabo. O que não pode acontecer é você usar pessoas para que essas coisas aconteçam!

Quando decidimos investir em outros, quando vivemos um estilo de vida baseado no discipulado, precisamos ter a certeza de nossas motivações.

> "Um arrogante não permite que ninguém fale, afinal, ele não se interessa pela experiência de ninguém, a não ser a sua própria."

Se temos motivações genuínas, que vieram do coração de Deus, podemos ficar em paz. Mas, se nossa vontade é a de receber aplausos, elogios, confetes e tudo o mais que pode vir, agimos egoisticamente; pois pensamos apenas em nós mesmos.

Um discipulado R.E.A.L é baseado na vertente de que outros crescem através de nós, e não que crescemos através de outros. Suas intenções, suas motivações, precisam estar bem alinhadas com a Palavra de Deus para você não cair nas armadilhas de Satanás. Lembre-se de que se você estiver agindo egoisticamente, o amor não estará em operação; sem amor a fé não funciona, e você, infelizmente, enfrentará muitos problemas.

A resposta é meditar, sempre, nas verdades da Palavra e decidir de forma consistente e resolvida dentro de si mesmo que tudo o que você faz não é para benefício próprio, mas para que outros recebam mais vida de Deus, e sejam capacitados para o propósito Eterno do Pai.

O AMOR NÃO SE ENFURECE FACILMENTE

Um discipulado verdadeiro vai exigir muito amor, muita entrega e muita dedicação. Como vemos, quando andamos em amor, produzimos relacionamentos fortes. Pessoas que se enfurecem facilmente não serão capazes de produzir nada que seja duradouro. Se quisermos A.MAR de verdade, precisamos aplicar cada aspecto do amor em nossa vida diária, em nosso relacionamento com nossos discípulos. Pessoas que se enfurecem não andam em amor. Líderes que gritam com seus discípulos, não andam em amor. Líderes que não respeitam seus discípulos, dificilmente criarão um ambiente capaz de gerar o tipo de discipulado de Jesus.

A Bíblia diz que podemos irar, mas não devemos pecar. Não podemos deixar que nossa ira transborde em palavras a atitudes. Jesus é paciente comigo e com você, por que não seríamos pacientes com aqueles que têm caminhado conosco?

Precisamos nos policiar e precisamos cuidar para que nossas palavras não machuquem ninguém. Não podemos liderar na base da falta de respeito e da ira. Um verdadeiro líder conquista seus discípulos pela paciência, pelo amor e pelo cuidado que tem ao lidar com dificuldades, erros, falhas e problemas. O momento de A.MAR é

> Um discipulado R.E.A.L é baseado na vertente de que outros crescem através de nós, e não que crescemos através de outros.

quando o amor é necessário, e isso ocorre quando há problemas, quando as coisas não ocorrem como queremos. Quando as falhas aparecem, quando o discípulo não responde, esse é o momento de não ficar enfurecido; esse é o momento de não jogar tudo que estamos ensinando ladeira abaixo. Esse é o momento de não apagar nossas pregações com nossas atitudes.

O AMOR NÃO GUARDA RESSENTIMENTOS

Você será testado no amor e em cada aspecto que ele envolve. O discipulado é isso; é caminhar de perto, conhecer as falhas, ver os erros, superar dificuldades e continuar juntos. Um discipulado de verdade passará por crises e continuará firme. Se o seu ainda não passou, quer dizer que vocês ainda não se aprofundaram do relacionamento na intensidade que deveriam.

O teste de A.MAR e não guardar ressentimentos acontece quando somos traídos, maltratados ou, até, abandonados. Este teste acontece quando aquele discípulo que você investiu e se doou para que ele pudesse crescer sai falando mal de você e de sua liderança. O teste do A.MAR vem quando aquele discípulo tão querido sai para encontrar e caminhar com alguém melhor, mais capacitado e com mais habilidades que você. Esse teste também ocorre quando, mesmo sem deixar você, mesmo sem sair de sua liderança, ele não reconhece, não respeita nem honra você.

Mesmo caminhando com você dia após dia, não há reconhecimento algum. Nesse tipo de situação é fácil perder as estribeiras, ficar ressentido e abandonar a pessoa. O mais fácil é isso mesmo, dizer que ela não respondeu, que não quis avançar e, por isso, não anda mais com você. Mas nem sempre o mais fácil é o mais bíblico.

A.MAR até o fim é não guardar rancor, não responder na mesma moeda e não e pagar o mal com o mal. Se você quer ter um discipulado R.E.A.L, precisa aprender a não guardar ressentimentos; precisa aprender a discernir as falhas, os erros e continuar amando, investindo e se entregando ao trabalho com seus discípulos.

Lembro-me de uma conversa que tive com o pastor Márcio Alves, da Igreja Videira Flórida, durante o tempo em que andava com

> Um verdadeiro líder conquista seus discípulos pela paciência, pelo amor e pelo cuidado que tem ao lidar com dificuldades, erros, falhas e problemas.

ele. Percebi uma situação de desonra, de desrespeito e perguntei como ele enxergava a situação e o que faria. Ele então me disse: "Diego, quero chegar diante de Deus e ter meu coração em paz, sabendo que investi tudo o que tinha. Quero ter a certeza de que dei meu melhor até o fim e, se por alguma razão, alguém não reconhecer, vou continuar investindo sem desistir. Portanto, não vou fazer nada". O mais interessante é que ele agiu assim mesmo, não apenas com um irmão, mas com muitos, inclusive comigo. Não havia ressentimentos no coração dele.

Quando não guardamos ressentimentos, nosso liderança avança nas asas do amor de Deus. Quando não guardamos ressentimentos, nosso coração fica limpo e livre para dar o melhor. Quando não guardamos ressentimentos, nossa liderança avança nas asas do amor de Deus. Quando não guardamos ressentimentos, podemos chegar diante de Deus com paz em nosso espírito.

O chamado de Deus
é amar até o fim

Se você é um líder ou um estudante de liderança, quero que entenda algo. O chamado de Deus é para que possamos refletir a imagem de Cristo, assim como Cristo é a imagem do Pai. Se quisermos multiplicar nossa liderança, primeiramente, precisamos deixar com que a liderança de Jesus seja vista em nossas vidas. Precisamos nos curar interiormente, precisamos expressar o caráter de Deus, precisamos ser imitadores dEle!

Sem amor, não somos nada! Nossa fé não funciona, nossas pregações não têm poder, nossos ensinamentos são vagos. Sem amor, podemos entregar tudo, mas não seremos nada. Podemos investir tudo, mas não teremos retorno espiritual algum. Deus, é amor e se quisermos participar da edificação da casa dEle, liderando outros e multiplicando essa visão, precisamos, antes de tudo, caminhar em amor dia após dia, discipulado após discipulado, problema após problema!

Amar é isso: não olhar para nós mesmos nem para nossos interesses, mas entregar tudo, com o coração em Deus, exalando o perfume da sabedoria e vestindo as vestes de humildade e simplicidade. Escolha esse caminho, escolha o amor, sempre! Pois quando você A.MAR de verdade, seu discipulado e seu relacionamento com seus discípulos estarão mais e mais próximos de um Discipulado R.E.A.L.

> "Quando não guardamos ressentimentos, nossa liderança avança nas asas do amor de Deus."

Capítulo 9

L.IDERAR

Ele revolucionou uma sociedade inteira, não veio com dinheiro nem com poderes políticos, mas conquistou a terra e muitos dos políticos que nela havia. Os ladrões devolviam o que roubaram e se entregavam à sua graça e verdade. Caminhou no meio de pobres, mas os ricos também o conheciam. Ordenou ao morto que vivesse, fazendo-o voltar à vida. Curou enfermos, trouxe esperança e gerou uma nova raça, chamada de eleita, de sacerdócio real, de povo escolhido. Ele foi o primeiro de muitos, mas, também, é conhecido como o segundo Adão. As tentações não o pararam, o pecado não o dominou, a riqueza não encheu seus olhos, mas a cruz o atraiu. Milagres e mais milagres podem ser contados, mas sua última direção foi que, aqueles que o seguiam, precisavam agora L.IDERAR. A última direção de Jesus foi que nos tornássemos líderes.

Gerando influência

Muitas vezes, temos a visão de um líder apenas como aquele cara carrancudo, bravo, sério, que vive dando ordens e direções. Aquele que sabe tudo, não precisa de ninguém e é capaz de tomar decisões sozinho. Pensamos que liderança é mandar, é ter o controle, é dizer a outros o que fazer, mas isso está muito longe da liderança que Cristo deixou para nós. Liderar é muito mais que dar ordens, e está muito além de fazer reuniões ou ver relatórios. Uma liderança verdadeira envolve ter um coração ligado ao coração de Deus, amor por vidas, respeito, um propósito baseado na Palavra, um caráter transformado e atitudes coerentes com as coisas que ensinamos. Quem não possui essas características não tem vivido a liderança de verdade.

Liderança, em seu sentido mais básico e simples, é *influência*, nada mais nada menos. Portanto, quando Cristo nos chamou a liderar outros, ele queria que influenciássemos, que déssemos direção, que déssemos um rumo, um norte a outras pessoas. Mesmo após os milagres e maravilhas que vimos na vida de Cristo, ao final de seu tempo com seus próprios discípulos, a direção foi clara: *lidere outros! Influencie outros! Faça discípulos!*

> Milagres e mais milagres podem ser contados, mas sua última direção foi que, aqueles que o seguiam, precisavam agora L.IDERAR.

Se seu alvo é ter um discipulado R.E.A.L, é necessário que você passe por todas as fases que estamos discutindo nesse livro. Afinal, quando você entende o princípio do R.ELACIONAR, seu discipulado ganhará realidade, se tornará mais verdadeiro e mais prazeroso. As pessoas perceberão que você não está olhando resultados, mas que se importa, de verdade, em tê-las por perto.

O E.QUIPAR é necessário, porque é o chamado de Deus para todos nós. Nascemos para investir em outros. Esse aspecto, por sua vez, produz conexões profundas; aquele que deseja ser o maior, precisa, primeiramente, servir! Equipar é isso, é servir

> **Aquele que se relaciona, equipa e ama terá influência sobre seus discípulos!**

ao outro; é dar o que temos e o que não temos para que outros possam ter.

E, finalmente, o aspecto de A.MAR, que é a característica fundamental do cristão, pois é a natureza de Deus sendo expressa. Isso produzirá consistência, liga e confiança. O amor atrairá as pessoas a andar com você, pois é isso que nos atrai a Deus.

O que quero dizer aqui é que se você passar por essas fases, de forma verdadeira, orando pelo processo, seguindo as direções do Espírito Santo em cada detalhe, consequentemente, você terá grande influência sobre seu discípulo. Portanto, o L.IDERAR será um resultado das três primeiras etapas. Aquele que se relaciona, equipa e ama terá influência sobre seus discípulos!

Cada um de nós, incluindo nossos discípulos, queremos caminhar com bons influenciadores: líderes fortes, levantados por Deus, que têm garra, fé, direcionamento, visão e estratégias que, perceptivelmente, vêm do trono de Deus. Queremos fazer parte de um mover histórico e sabemos que o discipulado é parte desse mover; é uma ferramenta, um estilo de vida, um chamado divino. O mesmo Jesus que curou é o que nos chamou a discipular; foi Ele quem nos chamou a L.IDERAR.

Todos lideramos

Compreendendo o sentido da palavra e do conceito de liderança, percebemos que todos, ou seja, cada um de nós, de uma forma ou de outra, somos líderes. Sim, isso mesmo que você leu, todos nós influenciamos! Quando gostamos de um filme, de uma série de TV ou de um livro e falamos bem deles, incentivamos pessoas a assistir ou ler ou fazer qualquer coisa do tipo; isso é liderar! Quando fazemos uma viagem, quando falamos bem ou mal de um restaurante ou tipo de comida, inconscientemente, geramos em outra pessoa um certo tipo de sentimento. Estamos *influenciando* na forma de pensar original e nos tornamos, naquele momento, sobre aquele assunto, um tipo de líder.

Se todos lideramos a respeito de filmes, músicas e lugares, por que não liderar, então, a respeito do propósito de Deus? Discipulado é isso! Apenas isso! Liderar pessoas, influenciá-las a cumprir o propósito de Deus para seguir os projetos e desígnios do Pai. Ter um discípulo é ter alguém que enxerga em você um referencial para as coisas de Deus na vida dele.

Quando o natural atrapalha o espiritual

Como vimos, a liderança não é algo apenas para alguns. Todos nós já somos líderes! Alguns numa área, outros em outra. Mas a pergunta, agora, não é se lideramos, mas, sim, *como* lideramos? Qual o nível dessa liderança? Qual a efetividade, o poder e o alcance de nossa influência?

A questão é que, para liderar alguém em coisas espirituais, precisamos também mostrar, em nós mesmos, uma transformação natural. Não podemos liderar e atrair pessoas ao propósito sem que antes tenhamos uma transformação em nosso caráter e, também, nossa alma: mente, vontade e emoções. O natural, portanto, pode atrapalhar o projeto de uma liderança espiritual.

O carisma pode elevar você a uma posição, mas apenas o caráter o manterá lá. Portanto, antes de liderar alguém, precisamos liderar a nós mesmos. Precisamos ser completamente influenciados pela Palavra de Deus a ponto de essa transformação ser vista a *olho nu*. Esse é o início para a liderança no discipulado. Por quê? Porque seus exemplos são mais fortes que suas pregações!

Não pense que apenas ter uma posição de autoridade fará com que as pessoas sejam influenciadas por você. Não pense que dar ordens e influenciar é a mesma coisa. A pergunta não é se você tem a posição, mas se tem o coração daqueles que estão com você. Creio que nenhum de nós alcançou perfeição, mas o crescimento contínuo em uma vida de caráter e santidade é essencial para aqueles que querem ter uma liderança frutífera. Afinal, nascemos para sermos a imagem de Cristo, e a palavra grega para "*imagem*" significa caráter.

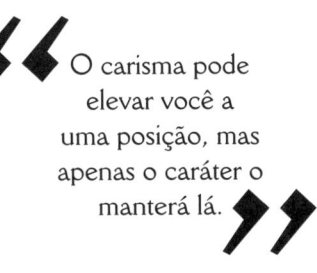

> O carisma pode elevar você a uma posição, mas apenas o caráter o manterá lá.

Capítulo 10

MUDANDO A SI MESMO PARA L.IDERAR

A Bíblia nos mostra que precisamos renovar nossa mente para que possamos desfrutar a perfeita vontade de Deus para nós. Isso é algo muito importante na liderança. Você não poderá liderar em seu pleno potencial enquanto sua alma for doente e seu caráter bagunçado. Isso mesmo! Antes de liderar pessoas, lidere sua alma! Caso contrário, você vai manipular, sugar, machucar e, depois, abandoar aqueles a quem *liderou*.

Muitas pessoas dentro da igreja estão machucadas e não suportam ouvir sobre liderança. Não querem mais falar sobre células, não querem mais participar de discipulados, não se interessam pelo chamado de cada crente de fazer discípulos. Mas, por que isso aconteceu? Salvo, algumas exceções, essas pessoas se encontraram com *grandes líderes* que, infelizmente, não haviam trabalhado o suficiente em si mesmos para que pudessem chegar àquela posição; eram pessoas doentes e machucadas em sua alma e caráter. O que pessoas machucadas fazem? Elas machucam outros! Usam da boa vontade e da sinceridade daqueles que querem servir a Deus, colocam pressão sem medidas, lidam com elas sem qualquer tipo de pudor ou respeito, passam dos limites de uma liderança cristã, e fazem tudo isso usando o nome de Deus.

Líderes que não têm a alma tratada lideram para si mesmos a fim de construírem um grupinho de pessoas para o servirem, o venerarem e *gritarem seu nome*. Claro que tudo isso é feito às escondidas. Se escondem por trás de frases que falam sobre honra e gratidão, mas, na verdade, não se preocupam com nada a não ser seu próprio umbigo. Não vivem o princípio do servir, mas exigem ser servidos.

Veja bem, essa não é a regra, não é assim com todos. Mas, se você e eu deixarmos o diabo se infiltrar em nossos pensamentos, se começamos a gostar dos aplausos, se nosso interesse pelo dinheiro e por bens materiais começam a ganhar foco, se começamos a nos sentir "o cara", o "grande líder", aquele que sabe tudo e tudo entende, se começamos a ditar regras e ordens sem respeitar as pessoas por quem elas são, muito em breve estaremos liderando para nós mesmos, para nosso ego, e não para Jesus. Não podemos entrar por esse caminho. O caminho de Cristo é o caminho da entrega, do servir, do perder para que outros tenham. Portanto, precisamos averiguar nossa alma e nosso caráter, diariamente, para que possamos vivenciar a liderança do estilo de Cristo.

Um divisor de águas

Quando falamos de nos identificar com o caráter de Cristo, precisamos levar o assunto ao ponto fundamental desse processo em nós: a CRUZ! Não existe caráter transformado sem cruz; não é possível liderar para Cristo sem antes passar pela cruz; não somos capazes de multiplicar uma liderança verdadeira, profunda, sensível e genuína sem que, antes, conheçamos

> "Não podemos entrar por esse caminho. O caminho de Cristo é o caminho da entrega, do servir, do perder para que outros tenham."

e vivenciamos a obra da cruz em nossas vidas.

Temos, aqui, então, um divisor de águas entre líderes que lideram para si mesmos e líderes que lideram para Cristo. E, nesse aspecto, o que importa não é o quanto de John Maxwell você já leu ou quantos seminários de liderança você participou. Não importa se você tem 2 ou 200 células caminhando contigo; o que importa são as respostas que você deu a Deus em sua vida diária. E aí temos um princípio prático: se você responde muito a Deus, você será um líder lapidado, transformado. Da mesma forma, se você não responde, você será um líder complicado, mal resolvido, difícil de trabalhar, que constrói contendas e que machuca as pessoas.

Só através da luz do Espírito Santo que podemos enxergar as áreas de nossa vida que precisam de mudança, resposta e transformação para nos tornarmos líderes aprovados em Deus. Um líder cristão gasta mais tempo na presença de Deus que lendo livros; um líder cristão gasta mais tempo contemplando o Senhor que fazendo seminários de liderança. Entenda bem, amo ler e gosto muito de participar de conferências e seminários sobre liderança, mas a mudança em nosso coração só acontece quando temos comunhão com nosso Pai, quando renovamos nossa mente com a Palavra, quando nos abrimos ao Espírito Santo. Sem isso, seremos líderes com temperamentos desequilibrados, com gênio forte, humano e decadente.

E, aí, vem a pergunta: o que as pessoas veem em você? Qual aroma você exala? O que você expressa? Com quem as pessoas se encontram quando veem você? Elas veem um líder guiado por Cristo ou guiado por metas? Elas enxergam um líder apaixonado por vidas ou apaixonado por números? Alguém que lidera para Cristo ou que lidera para si mesmo?

JESUS ATRAIU O MUNDO A SI

Jesus disse: "Quando eu for levantado, atrairei todos a mim". Do que Jesus estava falando? O que ele queria dizer com isso? Que seria levantado, glorificado e adorado? Não! Jesus estava falando da cruz! Ele estava falando sobre ser levantado, humilhado, estar nu, ser cuspido, abandonado pelos discípulos e morrer de forma desonrada.

Você quer atrair as pessoas a você? Então morra. Quer autoridade? Então renuncie. Quer

> Um líder cristão gasta mais tempo na presença de Deus que lendo livros; um líder cristão gasta mais tempo contemplando o Senhor que fazendo seminários de liderança.

crescer? Então se humilhe. Quer poder de Deus? Então se dobre. Quer vida? Entregue-se à morte. Foi assim que Jesus fez! Aos olhos do mundo precisamos conquistar, dominar, crescer! Mas Deus rege o mundo de uma forma diferente: aquele que quer ser o maior, sirva! Quer liderar, seja, primeiro, liderado pela Palavra, morto pela cruz e influenciado por Cristo. Fazendo assim, você atrairá uma multidão de discípulos! Deus trará pessoas de todos os quatro cantos do mundo para andar com você, pois no reino espiritual, você foi aprovado. Então, se podemos falar sobre um aspecto fundamental para que tenhamos uma grande liderança, esse aspecto é a cruz!

O LÍDER, A CRUZ E OS RELACIONAMENTOS

A cruz precisa tocar nossos relacionamentos. Queremos ser aceitos, aprovados, respeitados e amados por nossos discípulos, por nossos líderes e por qualquer outra pessoa que conhecemos e, também, as que não conhecemos. Trabalhamos dia e noite para mostrar sucesso, inteligência, avanço, grandeza e outras coisas a fim de recebermos a aprovação do mundo todo. Daí, vem toda fonte de tristeza, ciúme, inveja, disputa, competição; quando isso é frustrado e não é correspondido, você vai usar de sua influência para fazer com que as pessoas usem uma máscara quando estiverem ao seu redor. Uma máscara que diz "Sim" e "Parabéns" a tudo que você diz e faz!

Agindo assim, você se torna um problema ambulante. Ninguém pode desagradá-lo ou ter um opinião diferente da sua; ainda mais, você não é capaz de aceitar nenhuma opinião, principalmente, as que são melhores do que as que você deu.

Se você não é tratado pela cruz, seus relacionamentos serão problemáticos. Você vai fazer chantagem, vai manipular; vai usar de pressão, de toda ordem para levar as pessoas aonde você quer que elas estejam e a falar o que você quer que elas falem. Se você usa seus discípulos para conquistar prestígio, você é um líder problemático. Se você é do tipo que não sabe pedir perdão, não sabe assumir erros, que tem de estar sempre certo, você, de fato, é um líder problemático.

> **Se você é do tipo que não sabe pedir perdão, não sabe assumir erros, que tem de estar sempre certo, você, de fato, é um líder problemático.**

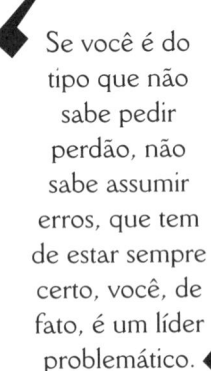

Todos nós temos uma grande preocupação com a nossa reputação, com a maneira como os outros nos vêm. Quando tomamos a cruz, temos de esquecer a opinião do mundo a nosso respeito. Mesmo que nos chamem de loucos, fanáticos ou estúpidos, isto não mais nos ferirá.

Precisamos ser livres desses desejos da carne se quisermos ter uma liderança de impacto. Precisamos nos livrar do anseio por agradar a todos e por mostrar resultados àqueles que estão ao nosso redor. Não se iluda! Mesmo as pessoas que caminham com você não precisam aplaudi-lo nem mesmo concordar com todas suas estratégias, decisões e atitudes.

A cruz livrará você dessas coisas; ela levará você a querer agradar a Deus. Ela apontará para Jesus. Um líder voltado para Deus, se preocupa com o coração do Pai, portanto, ele terá uma vida mais em paz e mais leve, e seus liderados, também, desfrutarão dessa paz.

O LÍDER, A CRUZ E O EU

A cruz também toca em nosso "eu", e isso fala de tomar a vontade de Deus em detrimento da minha. A coisa mais comum para qualquer ser humano é rejeitar a dor, a perda, o dano para escolher o prazer e a satisfação. Entretanto, a vontade de Deus, muitas vezes, implicará em dor, e devemos escolher essa vontade apesar de nosso desejo pelo conforto. Isso fala de abrir mão de direitos legítimos, de oportunidades, e assim por diante. Jesus tinha sua própria vontade, mas Ele a submeteu à vontade de Deus.

Se quisermos L.IDERAR de forma eficaz, precisamos deixar com que a cruz toque nosso eu. Precisamos colocar a vontade e o desejo de Deus acima de qualquer conforto e prazer momentâneo que possamos querer. Um líder que se defende, um líder que se explica demais, um líder que reivindica está, na verdade, salvando o ego e descendo da cruz. O problema é que nossos discípulos aprendem com nossas atitudes e, no fim, geraremos este tipo de gente: pessoas que não sabem o poder e a grandeza de uma vida crucificada, pessoas lideradas pelo prazer, pelo eu, pelo conforto e pela facilidade. Serão pessoas que pensarão com elas mesmas: "Eu que sou um líder tão maravilhoso, ser tratado desta forma". Esse ressentimento, esse tipo de atitude é descer da cruz. Isso significa que a pessoa foi injustiçada e se irrita, porque nada pôde fazer à respeito da situação, "logo eu que sou tão isso e tão aquilo". Você consegue perceber o ego aqui? A recusa em se assumir a culpa é descer da cruz. Todos são culpados, menos eu; ou, pelo menos, todos são mais culpados que eu.

Lideranças inteiras têm sido destruídas porque alguém não abriu mão da vingança, do ressentimento, da amargura e do ego. Quando os outros nos entendem mal, os esforços indevidos para explicar nossas ações são a mesma coisa. A autojustificação é descer da cruz. Mas a maior de todas as formas de descermos da cruz é quando oferecemos a cruz para o nosso irmão. "Mas, porque sou sempre eu que tenho que tomar a cruz?" Líderes assim são incapazes de assumir falhas; não conseguem passar por pressões e, como consequência, vão gerar discípulos completamente ligados ao ego.

O líder, a cruz e os bens

Aqui entramos em algo simples, mas perigoso: Onde está seu coração? Onde estão suas atenções? Em sua casa? Em seu carro? Em quanto dinheiro pode ganhar? Não precisamos apenas abrir mão de viver para nós mesmos, mas precisamos, também, entregar na cruz, todos nossos bens. Para muitos, o dinheiro, a casa e o carro são apenas uma extensão de seu ego, pois representam aquilo que foram *capazes de conquistar*. Só falam disso! Sua glória está em mostrar as vitórias financeiras que, para honra e glória de Deus, tiveram em suas vidas.

> Veja bem, tem uma equação fácil para se entender o que é prioridade em seu coração: com o que você gasta mais o seu tempo?

Um líder que não deixa a cruz tocar em seus bens utilizará sua autoridade e sua influência para ficar, cada dia, mais rico, independente do que for necessário para isso. Gastam mais tempo discutindo e planejando suas finanças do que jamais gastaram com qualquer outra coisa.

Veja bem, tem uma equação fácil para se entender o que é prioridade em seu coração: com o que você gasta mais o seu tempo? Se você investe a maior parte de seu tempo diário para alargar sua vida financeira, isso mostra que seu coração está, justamente, aí; afinal, tempo é vida.

Não estou dizendo que ter bens materiais é errado, mas o apego a eles, sim. Conheço pessoas pobres que são extremamente apegadas a seus bens e, também, conheço pessoas ricas que entregaram tudo o que têm na cruz. Portanto, avalie agora de forma prática: Quão generoso você é? Quando nossos bens são tratados pela cruz, somos generosos! Abençoamos! Damos! Abrimos mão! Mas, o contrário, também, ocorre quando não passamos pelo tratamento da cruz.

O líder crucificado

Para que possamos L.IDERAR com o máximo de nosso potencial, precisamos deixar com que a cruz toque nossos relacionamentos, nosso eu e nossos bens. Sem isso, usaremos as pessoas ao nosso redor para conquistar coisas em nosso favor. Líderes assim não são aprovados por Deus. O discipulado se torna uma barganha; trocamos facilidades por aplausos, trocamos princípios por confetes e ajudas por dinheiro. Quando lideramos sem a cruz, estamos tentando, a coro de glória, sem passar pela coroa de espinhos. Queremos autoridade sem ter a maturidade para administrá-la. Queremos o reino, a grandeza, sem a humilhação. Queremos ser exaltados, sem antes nos despirmos de nós mesmos.

Mas, sabe de uma coisa? Quando você passar pela cruz como uma experiência verdadeira, sua liderança será uma potência nas mãos do Deus Todo Poderoso. Ele o guiará a tesouros que você nunca imaginou tocar; você terá uma influência jamais vista ou que você jamais sonhou ter. Pessoas serão atraídas a você, sua autoridade será conhecida, seus bens materiais serão multiplicados, mas, nesse momento, seu coração estará guardado pelo Espírito Santo e pela obra da cruz. Se prepare para ver o propósito de Deus se cumprindo e seu discipulado atingindo níveis que você jamais imaginou atingir.

Capítulo 11

O PODER DA ATITUDE

Sua atitude dita sua resposta ao presente e determina a qualidade e a grandeza de seu futuro. Você é sua atitude, e sua atitude é você. Não é possível fugir disso; não é possível tentar ser alguém sem que sua atitude interior esteja em sintonia com sua decisão. Se você não controlar sua atitude, ela irá controlá-lo.

Sua atitude cria seu mundo e desenha seu destino. Sua altitude será, então, determinada pela sua atitude. Ela vai determinar se você verá o sucesso ou passará a vida na derrota. Muitas oportunidades têm sido perdidas e deixadas para trás, porque não nos posicionamos, não corrigimos nossa atitude interior em relação àquele ou a esse assunto. É urgente compreendermos que a diferença entre um grande líder e todas as outras pessoas é a atitude dele em relação às circunstâncias da vida.

Definindo atitude

Mas, o que seria atitude? Atitude pode ser definida como "condicionamento mental que determina nossa maneira de responder e interpretar tudo o que ocorre ao nosso redor". Atitude é a maneira como vemos as coisas e respondemos a elas. De forma geral, sua atitude é a manifestação daquilo que você pensa a respeito de si mesmo. Seu senso de valor, sua auto-estima, sua confiança ou falta dela, a maneira que você se vê, entre outros detalhes.

Para termos um discipulado R.E.A.L precisamos, acima de tudo, mudar nossa atitude. Precisamos nos ver como líderes veem, pois isso nos guiará à liderança. Se você não sente que é capaz de influenciar, de liderar e de trazer o melhor das pessoas à tona, consequentemente, suas ações serão correspondentes à sua atitude interior, e isso vai abortar o espírito de liderança que Deus colocou em sua vida.

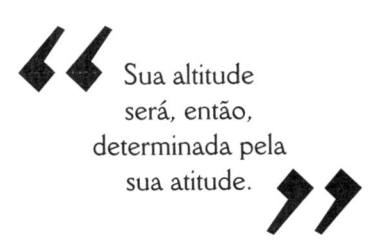

> Sua altitude será, então, determinada pela sua atitude.

Isso pode impedir que você influencie as milhares de pessoas que Ele preparou para você liderar. Por quê? Porque sua atitude interior não condiz com o projeto de Deus para você.

Nenhum treinamento em liderança, nenhum curso em gerenciamento de pessoas, nenhuma boa vontade de seus líderes, nenhuma promoção, nada disso pode substituir a atitude interior correta.

Você nasceu para liderar

Não importa quem você seja; não importa de qual família você tenha vindo; não interessa seu passado. Dentro de você existe uma característica que Deus deu a Adão e que lhe pertence também: você nasceu para ter domínio, para governar, para ter o controle, para gerenciar e para liderar todo e qualquer ambiente em que esteja. Por isso Adão era capaz de controlar e subjugar os animais e tudo o que havia ao seu redor; ele operava debaixo da direção de Deus.

A mesma direção foi dada a mim e a você: líder, faça discípulos, influencie, transforme, não seja controlado por nada, não seja escravo de nada. Quando seguimos essa direção, somos capazes de, em primeiro lugar, aceitar a liderança de nossos superiores, aqueles a quem Deus levantou para investir em nossas vidas.

Em segundo lugar, de tomar nossa posição de liderança, mudar nossa atitude interior e agir, pensando e falando como líderes. Líderes guiados pelo Espírito Santo, que têm a vontade de Deus como base para todas as decisões; líderes que querem realmente investir, entregar, doar, morrer por outros. Mas, tudo isso vem quando a atitude interior de nosso coração se alinha com a vontade perfeita de Deus para nós.

Muitos de nós temos tido uma liderança fraca, porque não acreditamos que somos líderes fortes. Aquilo que você acredita a respeito de suas habilidades tem afetado sua vida mais que suas próprias habilidades. O que você acredita a respeito de sua liderança, de sua influência e de sua capacidade de comunicação levará você a grandes resultados ou a momentos de constrangimento. Pessoas que pensam não serem capazes de falar em público, chegam diante de uma plateia e, simplesmente, travam. Por quê? Porque sua atitude interior a respeito daquele momento destrava um gatilho em sua mente, alterando o batimento cardíaco de forma exagerada e tirando-lhe a atenção do que queria falar, trazendo a atenção "àquilo que as pessoas pensam sobre mim".

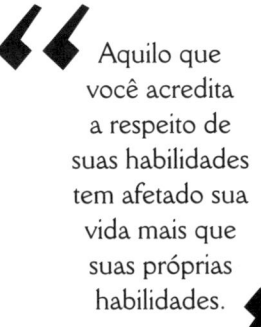

> Aquilo que você acredita a respeito de suas habilidades tem afetado sua vida mais que suas próprias habilidades.

Na liderança ocorre o mesmo fator. Antes de liderar, você precisa acreditar que pode, através de Deus e do chamado dEle em você, influenciar outros de forma consistente. Portanto, após reavaliar seu coração a respeito dos seus bens, dos seus relacionamentos e do seu eu, quero convidar-lhe a refletir a respeito de sua atitude em relação à liderança hoje. Como você se vê? Como alguém que irá influenciar milhares, que tocará nações através do chamado de Deus ao discipulado ou como alguém que está apenas tentando, semana após semana, sem muito resultado? Seja sincero, como você se vê? Qual sua atitude em relação a esse chamado de Deus em sua vida? Como você vê o futuro disso tudo que tem feito?

Não importa se você é o presidente de uma grande empresa, um professor ou um arquiteto; não importa se você possui um pequeno negócio, se é um artista, um fazendeiro, um médico ou qualquer outro tipo de profissional: a verdade sobre os fatos é que, quando você assumir a liderança que Deus planou em seu coração e começar a se ver e se portar de acordo com ela, milagres acontecerão e centenas de milhares de pessoas serão tocadas por Deus através de sua vida e liderança. Afinal, esse é o propósito profético operando através de você.

Para que seu discipulado cresça e você possa L.IDERAR de forma efetiva, é necessário que você medite na Palavra de Deus e transforme sua atitude interior. É necessário que você tome as palavras e as promessas de Deus como suas, confesse que, em Cristo, você tem uma liderança poderosa. Creia que o Espírito de Deus age através de você; entenda o propósito por trás disso tudo e avance! Deus chamou você para isso! Você está lendo esse livro, porque o Senhor preparou esse momento para que sua liderança avançasse. Deus preparou essas palavras para você a fim de que elas pudessem tocar seu coração! Deus quer que você cresça segundo a vontade dEle. Você nasceu para liderar! Creia! Avance! Fale como líder. Mude hoje mesmo sua posição interior quando chegar diante das pessoas; caminhe como alguém que está cheio da habilidade de Deus; tenha a atitude correta e você verá sua liderança alcançar novos níveis, e seu discipulado crescer como jamais cresceu.

Voce é a resposta para alguém

O povo Hebreu, quando escravo, precisou de Moisés. Davi foi demandado para vencer Golias e para se tornar o rei de Israel. Rute foi a resposta à necessidade de Noemi. Os Judeus precisavam de ajuda, e Deus enviou Ester. José interpretou os sonhos de Faraó, e isso mudou o futuro de seu povo.

Entenda algo: cada um de nós tem um propósito específico que não está relacionado apenas a nós mesmos! Você é resposta da oração de alguém. Existe alguém orando e pedindo a Deus por sabedoria, por direção, por acolhimento, por ensino e por ter um grande líder. Existe alguém, nesse exato momento, que quer conhecer mais de Deus, receber influência e crescer espiritualmente. Suas palavras, seus pensamentos, sua forma de agir, influenciarão pessoas que estão clamando a Deus por resposta. Mas, isso apenas acontecerá quando você perceber e agir na compreensão de que a resposta é você.

Veja bem, Deus projetou você. Ele o desenhou como nenhuma outra pessoa. Tudo o que você tem, foi criado para influenciar outros, portanto, comece agora mesmo a aceitar esse fato e se posicionar. Não permita que o diabo fique jogando dúvidas em seu coração levando você a pensar se nasceu ou não para liderar. Não deixe que o inimigo influencie você, mas deixe que a Palavra de Deus o influencie. Essa atitude interior, aceitando que você é a resposta da oração de alguém, e que Deus quer lhe usar para influenciar vidas, fará com que sua liderança cresça de forma exponencial. Afinal: *como um homem pensa em seu coração, assim ele o é.*

Capítulo 12

L.IDERAR É

Depois de trabalharmos dentro de nós mesmos, o que precisamos mudar para que cresçamos em liderança? Quero, nesse capítulo, trazer pontos essenciais e aspectos importantíssimos que nos levarão a influenciar a vida de nossos discípulos de uma maneira singular. Quero compartilhar detalhes que irão mudar sua forma de liderança, de influência e de ação na vida daqueles que estão perto de você.

Esqueça, por um momento, a lista de afazeres de um líder de célula e se concentre na "*pessoa*", no líder, no discípulo. Esqueça a performance dele, os resultados e foque, agora, na raiz, no interior desse discípulo, nas atitudes que ele possui ou não.

Afinal, se tratamos a raiz, os frutos serão transformados. Mas quando focamos nos frutos, sem uma mudança real na raiz, na próxima estação, aquela árvore voltará a ter os mesmos resultados. Se você transferir a seus discípulos os conceitos que falaremos a seguir, tenho a certeza de que eles crescerão, e seu discipulado será mais frutífero e mais produtivo.

L.iderar é transmitir
propósito e paixão

A verdadeira liderança só existe quando temos um verdadeiro senso de propósito. Isso sempre será a diferença entre uma liderança medíocre e uma liderança de sucesso. Propósito é a descoberta da razão da nossa existência; é a definição do porquê termos sido criados. Todo ser humano foi criado para um propósito e, quando o descobrimos, passamos a ser guiados por ele.

O propósito trará um senso de significado ao seu discípulo. O propósito o fortalecerá nos momentos de derrota e de dificuldade. O propósito dará norte aos momentos de decisões difíceis. O propósito será o combustível para as orações. O propósito trará certeza de um futuro melhor. O propósito produzirá paixão!

Quanto mais senso de propósito temos, mais apaixonado estaremos por aquilo que temos de fazer. As dificuldades serão vencidas através dessa paixão. As ideias serão produzidas por causa dessa paixão. Seremos capazes de levantar uma equipe, porque eles veem que somos apaixonados e convictos pelo que fazemos. A paixão produz força e motivação às nossas vidas. Portanto, se quisermos liderar de forma efetiva, é essencial transmitirmos senso de propósito e de paixão.

Em Salmos 20:4 lemos: *"Que Deus lhe conceda os desejos do seu coração e faça todos seus planos prosperarem"*. Veja bem, seus planos apenas prosperarão se houver um firme desejo em seu coração. Você precisa, acima de tudo, querer! A palavra *"desejo"* aqui descrita não fala sobre ter uma leve vontade, mas, sim, verdadeiramente, de anelar-se a algo; fala de uma profunda, forte e poderosa paixão queimando dentro de você por alguma coisa. Se você não tem paixão pelo o que busca, você não receberá o que deseja.

> "Quanto mais senso de propósito temos, mais apaixonado estaremos por aquilo que temos de fazer."

A verdadeira liderança não é apenas o cumprimento de uma série de tarefas, mas, sim, o desejo de cumprir um propósito que está acima de nós mesmos, que é a vontade de responder ao chamado de Cristo e o desejo de ver uma geração sendo transformada. A convicção de que este processo de discipulado foi escolhido por Deus para você forma algumas das características de um líder verdadeiro. Deus sempre nos guiará através de nosso propósito, através dos desejos que vieram do coração dEle para o nosso coração. Ter essas definições, vivendo a certeza do porquê estarmos fazendo aquilo que fazemos, fará com sejamos mais consistentes, focados e dedicados em nossas tarefas.

Se nossos discípulos não têm senso de propósito, eles não terão essa paixão queimando dentro deles; sem paixão não haverá sucesso ou crescimento e, consequentemente, viverão distantes do projeto existencial de Deus para eles. Precisamos, como líderes, transmitir esse propósito existencial e compartilhar da paixão que temos, não apenas com treinamentos, mas com realidade de vida, através de nossos relacionamentos, de nossas orações e de nossas prioridades. Se formos capazes de transmitir paixão e propósito, seremos capazes de fazer com que cresçam em liderança.

L.IDERAR É ENSINAR A TER **INICIATIVA**

Líderes não ficam esperando o futuro acontecer; eles trabalham, oram, planejam, choram diante de Deus e geram o futuro; líderes produzem resultados. Não podemos ganhar essa geração para Cristo sem que sejamos pessoas de iniciativa; pessoas que agem pela fé, e não ficam apenas esperando um dia após o outro.

A iniciativa é um grande diferencial na vida de um líder. Você não será capaz de atingir grandes resultados sem que seja uma pessoa de iniciativa, alguém que vai atrás dos sonhos que Deus colocou em seu coração.

Mas, o que nos faz ter ou não inciativa? Nossa visão. A visão é o desejo, o alvo, o ponto final, enquanto a iniciativa é o que vai alcançar essa desejo. A iniciativa *ativa* o processo de crescimento; ela nos leva a estudar mais, a orar mais, a investir mais, a fazer mais, e a alcançar mais do que jamais alcançamos. Líderes não podem apenas sonhar com grandes projetos, mas precisam acordar cedo e iniciar o processo para ver seus sonhos se tornarem realidade.

A iniciativa é a atitude que nos diferencia dos sonhadores, daqueles que apenas falam e projetam, mas nunca executam nada. Pessoas que são ótimas no planejamento e terríveis na hora de pôr a mão na massa. Não podemos deixar que nossos discípulos tenham a mentalidade do *sonhar sem trabalhar!* Precisamos ensinar que somos cooperadores de Deus, trabalhando juntamente com o Pai; não podemos perder de vista que somos o corpo de Cristo. Precisamos, juntos, avançar, ter ideias, criar projetos e executá-los. Precisamos pôr em pratica todos os desejos que Deus tem colocado em nossos corações.

Quando estamos liderando uma célula, precisamos ter a iniciativa para que ela cresça. Precisamos orar pelos membros, precisamos ligar e manter contato com cada um deles. Precisamos agir, fazer eventos, visitar, programar nossa semana, nosso mês e todos os dias até a multiplicação e o crescimento daquela célula. Isso nunca acontecerá se não temos iniciativa! Às vezes, ficamos apenas esperando que as pessoas tenham iniciativa, mas isso não ocorrerá frequentemente. Nem sempre aqueles que Deus lhe deu estão prontos, treinados e cheios de atitude.

Portanto, como bons líderes, precisamos transferir, ensinar e trazer uma cultura de iniciativa para aqueles que caminham sob nossa liderança. Mas faça isso de forma sistemática; ensine sobre o assunto, dê exemplos, gere uma discussão a respeito do significado dessa atitude e o quanto ela pode afetar o crescimento da obra de Cristo. Fazendo assim, você estará influenciando, liderando aqueles que Deus lhe deu. Você precisa ter paciência com aqueles que estão aprendendo, mas não pode deixar que continuem sendo os mesmos. Você, líder, foi chamado para transmitir, ensinar, compartilhar e ser um exemplo de como ter iniciativa na obra de Deus. Portanto, vá em frente e ensine essa arma poderosa!

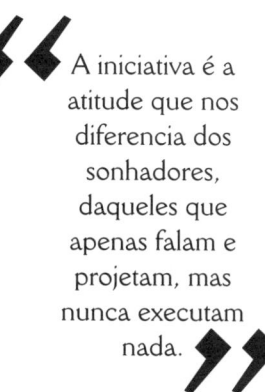

> A iniciativa é a atitude que nos diferencia dos sonhadores, daqueles que apenas falam e projetam, mas nunca executam nada.

L.IDERAR É ENSINAR A TRABALHAR EM EQUIPE

Bons líderes possuem uma característica que os leva a conquistar coisas que ninguém foi capaz de

> "Trabalhar em equipe requer de nós que deixemos para trás o desejo de sermos reconhecidos e a ambição pessoal de fazer o que quisermos e quando quisermos."

conquistar antes: eles sabem trabalhar em equipe! Podemos conquistar muitas coisas sozinhos, mas se quisermos conquistar algo que realmente seja grande e poderoso, se quisermos ver o mover de Deus fluir em nossa geração e atingir centenas de milhares, precisamos de um time, de uma equipe ministerial. Líderes verdadeiros têm esse entendimento: nada realmente grande e de muito valor foi jamais conquistado por um único indivíduo.

A Bíblia deixa claro que somos membros de um *corpo*. Isso nos fala de equipe, de trabalho em conjunto, de saber sua função e cumpri-la para o bem de um propósito. Nossos órgãos trabalham simultaneamente; cada um desempenhando seu próprio papel, cada membro no seu devido lugar, sem querer a posição ou a função do outro, e isso nos faz caminhar, comer, respirar, falar, ouvir e pensar. Se não ensinamos nossos discípulos a trabalhar em equipe, a formar uma equipe e a ser membro de um time, eles nunca alcançarão tudo o que Deus preparou para eles. Como líderes, precisamos transmitir essa identidade: somos um corpo, precisamos estar ajustados, unidos, trabalhando e vivendo em amor.

Trabalhar em equipe requer de nós que deixemos para trás o desejo de sermos reconhecidos e a ambição pessoal de fazer o que quisermos e quando quisermos. Trabalhar em equipe requer habilidades interpessoais; precisamos saber como agrupar pessoas e, também, como mantê-las unidas. Precisamos desenvolver habilidades de comunicação, de tomada de decisões e, também, de respeito mútuo aos membros da equipe. Quando estamos trabalhando como um time, cada um precisa fazer sua função com 100% de desempenho e entrega; as derrotas são culpa de todos, as vitórias foram também geradas por todos. Quando estamos em um time, não existe " o que quero", mas, sim, "o que o time precisa".

Ninguém tem todas as respostas, ninguém sabe tudo, ninguém é capaz de agir sozinho e ter sucesso duradouro. Uma célula forte é uma célula em que há um time trabalhando em unidade, dividindo as tarefas, os sucessos e, também, as derrotas. Uma igreja forte é uma igreja em que as pessoas entenderam que cada uma delas faz parte de um grande time, possuem responsabilidades e repartem as tarefas. Se somos capazes de ensinar pessoas a trabalharem em equipe, seremos capazes de fortalecer a liderança delas. Mas o contrário, também, é verdadeiro; líderes que centralizam tudo, que precisam estar em tudo, que têm de tomar todas as decisões sozinhos e não investem em uma equipe de colaboradores estão prestes a perder o que construíram, pois o princípio de Deus é trabalhar através do corpo, da família, e não apenas no indivíduo.

Três pontos importantes sobre trabalhar em equipe

1 – Trabalhar em equipe promove oportunidade para que todos participem:

Muitas pessoas estão em uma célula ou em uma igreja e têm a vontade de fazerem algo, mas não sabem o que. O trabalho em equipe dá liberdade para que todos possam participar do desenvolvimento do corpo de Cristo.

2 – Trabalho em equipe fornece o ambiente para que as pessoas possam desenvolver e liberar seus dons e talentos:

Muitas pessoas estão cheias de habilidades e dons que foram dados por Deus, o que eles precisam é de um ambiente para que possam crescer e se desenvolver. Ensine seus discípulos a prover este ambiente.

3 – Trabalho em equipe nos ensina a valorizar nossos irmãos:

À medida que desenvolvemos o trabalho em equipe como nossos discípulos, perceberemos o quanto Deus age através de cada um. Muitas vezes estamos focados em nossas próprias habilidades e nos esquecemos de que Deus tem trazido pessoas maravilhosas para estarem ao nosso lado.

Desenvolva hoje mesmo um ambiente de equipe em seu discipulado e encoraje seus discípulos a fazer o mesmo nas células de cada um deles. Isso trará um crescimento explosivo para sua liderança e, também, para a deles. Lembre-se de que Jesus nos incentivou a trabalhar em equipe, Ele nos chamou para fazer discípulos.

L.IDERAR É TRANSMITIR SENSO DE **PRIORIDADES**

Não é possível fazer tudo, em todo tempo e obter sucesso. Todo grande líder possui algo que é realmente poderoso: sabe identificar prioridades. Eles sabem com clareza o que querem conquistar e o que é o mais importante a ser feito para que a conquista se manifeste. Excesso de atividades consumem nosso tempo, nosso dinheiro, nossos esforços, nossos talentos e, finalmente, nossas vidas. Ter prioridade é saber falar: Não! Não posso. Não dá. Meu tempo não é suficiente. Essa não é minha prioridade!

A palavra "Não" é parte importante do vocabulário de alguém que sabe priorizar aquilo que é mais importante para o propósito. Quanto mais jovens somos, dependendo também de nossa personalidade, começamos a andar como "barata-tonta". Tentamos fazer duzentas coisas em um dia, não conseguimos definir nossas prioridades e, no fim, perdemos tempo, dinheiro e não conquistamos nada. Por que? Porque faltou foco, faltou priorizar aquilo que era realmente importante.

Mas como definir prioridade? Prioridade é aquilo que merece nossa atenção primária; é algo que deve receber nossos recursos primários; é algo que tem o direito de ser feito antes de qualquer coisa devido sua importância.

Precisamos ensinar nossos discípulos essa arma poderosa, se quisermos que eles cresçam. Não espere que eles já a tenham, não presuma que sabem a importância do senso de prioridade. Como líder, faça sua parte, ensine sobre isso, cobre uma lista de prioridades, ajude-os a fazer essa lista e, também, a praticá-la. Isso trará uma força enorme para seu discipulado e liderança.

> A palavra "Não" é parte importante do vocabulário de alguém que sabe priorizar aquilo que é mais importante para o propósito.

Líderes verdadeiros descobriram como diferenciar o que é realmente importante para suas vidas e para o cumprimento de seu propósito e o aquilo que, mesmo sendo urgente, é apenas uma necessidade temporária. Eles também sabem a diferença entre opções que são boas, e outras que são as melhores. Por causa disso, não permitem que qualquer coisa gaste seu tempo, suas forcas e suas energias. Lidere de forma efetiva, ensine seus discípulos a definir prioridades para que cresçam como líderes.

Três pontos sobre prioridades

1 – Definir prioridades é proteger nossos esforços e nosso tempo:

Precisamos nos proteger da correria desenfreada do mundo. Precisamos ter foco! E, para isso, devemos estabelecer aquilo que é importante, de verdade, em nossas vidas.

2 – Suas prioridades merecem toda sua energia, motivação e empenho:

Ao definir o que deve ser priorizado em sua vida, invista tudo o que tem em sua prioridade, pois assim você encontrará o propósito de Deus para você.

3 – Não espere que todos entendam suas prioridades:

O mundo é regido por poder, dinheiro e conquistas materiais, portanto, não espere que as pessoas o compreendam, caso sua prioridade não seja a mesma da delas. Priorize tudo o que tem a ver com seu propósito e chamado; Deus cuidará de todo o restante por você.

L.iderar é compartilhar o espírito de **persistência**

Amamos tudo o que é rápido, fácil e barato! O problema é que nada que realmente valha a pena possui essas três características. Os projetos, os sonhos e o propósito de Deus para nós serão coisas que exigirão persistência e perseverança. Não será rápido, não será fácil e não será barato.

Como líderes, precisamos compartilhar esse espírito de persistência. Precisamos ensinar nossos discípulos que, após fazer a vontade de Deus, devemos perseverar, mantendo nossa posição e, jamais, desanimar. A persistência e a determinação são armas poderosas para o nosso crescimento e para o crescimento do nosso discipulado. Não podemos desanimar apenas porque está demorando, não podemos deixar que a pressão derrube nossas forças, mas precisamos estar determinados a cumprir o que Deus nos chamou para cumprir.

Às vezes, a célula está fraca, os relacionamentos não estão fluindo, não há visitantes, ou aqueles que vêm não permanecem. Além de buscar a Deus temos de trabalhar para que isso mude; precisamos persistir, precisamos perseverar. A persistência sempre é resultado da fé que, por sua vez, é gerada pela Palavra de Deus. Podemos definir persistência como o poder de se manter firme apesar de qualquer circunstância ou problema; o poder de permanecer mesmo em meio as dificuldades; a habilidade de enfrentar várias derrotas, e não desistir; a habilidade de continuar fazendo a mesma coisa, mesmo quando tudo está contra você.

Veja bem, todos nós precisamos dessas características para vencer. Nossos filhos precisam aprender esse poder; nossas famílias deveriam meditar mais sobre persistência, nossas igrejas podiam

> "Seu papel como líder é ensinar, desde o início da caminhada cristã, que determinação faz parte de nosso caráter e de nosso ser."

ministrar mais a respeito dessa arma maravilhosa e nossos discípulos precisam receber esse coração, o coração da persistência.

Como discipulador ou líder de célula, como pai ou como um amigo, precisamos transmitir essa verdade às pessoas que estão ao nosso redor. É necessário permanecer firme após nossas orações. Não podemos deixar que as circunstâncias nos movam; não podemos permitir que as dificuldades nos parem. Temos que permanecer, persistir, perseverar e ir até o fim, até ver o propósito se cumprindo. E, mais do que isso, não podemos ir nessa caminhada com cara de coitado, chorando pelos cantos. Não! Deus nos chamou para perseverar cantando, adorando a Ele, agradecendo em fé, pelos grandes resultados que virão. As promessas estão chegando e a colheita esta próxima; a cada dia que passa é um dia a mais perto do seu milagre, da sua multiplicação e do seu propósito.

Portanto, liderar é transmitir isso aos nossos discípulos, àqueles que Deus nos deu. Perseverança deve ser ensinada, passada a outros. Seu papel como líder é ensinar, desde o início da caminhada cristã, que determinação faz parte de nosso caráter e de nosso ser. Abraão perseverou, Moisés perseverou, Davi perseverou, Jesus perseverou, os apóstolos perseveraram e, agora, chegou a nossa vez de perseverar!

L.IDERAR É ENSINAR O PODER DA **DISCIPLINA**

Muitas pessoas têm um grande e extremo desejo por mudança, mas, no calor da segunda-feira, seus desejos se evaporam; isso é apenas a consequência de não serem disciplinados. A autodisciplina é o tipo mais alto de governo, pois é quando governamos a nós mesmos. O verdadeiro líder cultiva uma vida disciplinada, pois sabe que apenas isso será capaz de mantê-lo nos caminhos que Deus preparou para que você caminhasse. O apóstolo Paulo foi capaz de dizer: *"Mas eu esmurro o meu corpo e o reduza à escravidão para que, tendo pregado a muitos, não seja eu mesmo desqualificado"*. Paulo entendia a importância de uma vida disciplinada, uma vida em que nem o corpo detém o controle nem a alma domina, mas sim, o espírito recriado e direcionado pelo Espírito Santo.

Quando somos disciplinados, levantamos mais cedo, trabalhamos mais, aplicamos restrições às nossas vontades e desejos momentâneos em favor de ganhar e alcançar algo mais duradouro e de maior importância. A disciplina é o ato de colocar a si mesmo para fazer algo que seu corpo e sua mente estão com preguiça de fazer. Disciplina da oração, disciplina do jejum, disciplina da leitura da palavra, disciplina de trabalhar, de levantar cedo, de estudar e etc.

A disciplina está baseada no auto-controle. O homem que não controla seus pensamentos será, enfim, controlado por eles. Se não somos capazes de dirigir nem de controlar nossas frases, nosso futuro, também, estará sem controle.

Veja bem, precisamos ensinar nossos discípulos o poder da disciplina. Precisamos investir tempo, ministrações, orações e conversas a respeito desse assunto. Precisamos influenciá-los nessa área tão única e poderosa de suas vidas. Como lerão um livro se não têm disciplina? Como finalizarão os estudos sem serem disciplinados? Como serão capazes de liderar outros, se não lideram a si mesmos? Não permita que a falta de disciplina tome conta das pessoas que caminham com você; comece hoje mesmo um programa de leitura bíblica juntos, um momento de oração juntos, alguma atividade que desafie e inspire seus discípulos. Ensine-os o poder de se autocontrolar agora para receberem os resultados depois.

Certa vez ouvi um pastor dizer: "A disciplina conquistará o mundo". Os homens disciplinados, aqueles que se entregam na presença de Deus, mesmo quando a alma está gritando para saírem de lá; aqueles que permanecem no jejum, mesmo quando o corpo está clamando por alimento; aqueles que permanecem meditando na Palavra, mesmo quando há tantos afazeres pela frente; eles serão parte do grande mover de Deus que conquistará nossa geração. Homens que esmurraram o próprio corpo, reduziram suas vontades a nada em favor de algo maior, de um propósito e de um destino. Homens disciplinados.

L.IDERAR É **SERVIR**

No livro de Mateus, vimos um pedido que foi feito por dois de seus discípulos. Tanto esse pedido quanto a resposta de Jesus a ele, nos ensina bastante sobre o ambiente de discipulado e liderança. Mateus escreveu:

> *Então, se chegou a ele a mulher de Zebedeu, com seus filhos, e, adorando-o, pediu-lhe um favor. Perguntou-lhe ele: Que queres? Ela respondeu: Manda que, no teu reino, estes meus dois filhos se*

assentem, um à tua direita, e o outro à tua esquerda. Mas Jesus respondeu: Não sabeis o que pedis. Podeis vós beber o cálice que eu estou para beber? Responderam-lhe: Podemos. Então, lhes disse: Bebereis o meu cálice; mas o assentar-se à minha direita e à minha esquerda não me compete concedê-lo; é, porém, para aqueles a quem está preparado por meu Pai. Ora, ouvindo isto os dez, indignaram-se contra os dois irmãos. Então, Jesus, chamando-os, disse: Sabeis que os governadores dos povos os dominam e que os maiorais exercem autoridade sobre eles. (Mateus 20.17-25)

Primeiro, notamos que Jesus não os criticou nem os condenou por desejarem uma posição de autoridade e liderança. Jesus não os repreendeu nem disse que estavam apenas se preocupando com títulos. Na verdade, Ele os respondeu e deu a direção para que alcançassem seu sonho. E é essa direção que nos guiará e nos ensinará a crescer em nossa liderança e a desenvolver um discipulado eficaz. Jesus os respondeu:

Não é assim entre vós; pelo contrário, quem quiser tornar-se grande entre vós, será esse o que vos sirva; e quem quiser ser o primeiro entre vós será vosso servo; tal como o Filho do Homem, que não veio para ser servido, mas para servir e dar a sua vida em resgate por muitos. (Mateus 20.26-28)

> O homem que não controla seus pensamentos será, enfim, controlado por eles.

Com essa resposta, Jesus nos ensinou sobre grandeza, sobre liderança, sobre alcançar lugares altos. Ele revelou um segredo espetacular que poucas pessoas têm percebido: qualquer que quisesse ser grande, precisaria ser o servo de todos; e qualquer que quiser ser o primeiro, deveria se tornar o último. Portanto, a chave para nossa crescimento e sucesso no discipulado e liderança é servir!

Acredito, fielmente, que essa verdade tem sido deixada para trás por muitos de nós, mas que se meditarmos e dermos atenção a ela, seremos extremamente usados por Cristo. Quantas vezes temos pensado em tantas coisas e esquecemos do simples princípio de servir? Quantas vezes não percebemos o princípio que, na verdade, nos levará a lugares altos em Deus e em nossa influência?

O que Jesus estava dizendo aqui é que, para nos tornarmos grandes líderes, para chegarmos às posições de autoridade que foram preparadas para nós, precisamos descobrir nossos dons, precisamos descobrir o que fomos chamados a fazer, precisamos descobrir o propósito de nossa vida e, então, servir às pessoas ao nosso redor através da realização desse propósito. Não pense que servir é apenas lavar pratos, limpar o chão ou qualquer outro de trabalho manual. Servir vai além disso. Jesus nos fala de servir e a próxima frase explica como Ele, nosso exemplo, serviu: dando sua vida em resgate! Ele serviu a humanidade através de seu propósito, dando o dom que possuía, o dom da vida.

Não procure por grandeza, mas procure servir aos outros com seu dom. Jesus estava dizendo que chegaremos a lugares altos quando nos tornarmos pessoas que usam os dons em favor de outros, servindo a outros, nos tornando valiosos para outros. Esses são os líderes de verdade, que não possuem apenas posição ou autoridade, mas possuem um estilo de vida de serviço e de entrega.

Quantos de nós temos orado pedindo a Deus por crescimento, por grandeza e por resultados? Mas, na verdade, a resposta sempre esteve ali, do seu lado, na Palavra de Deus. Sirva! Use seus dons para que outros recebam direcionamento, crescimento e avanço. Vá de encontro ao seu propósito e faça de tudo para ser alguém que serve. Se quisermos alcançar a grandeza, precisamos, primeiro, nos tornar servos de todos ao nosso redor.

> "Não procure por grandeza, mas procure servir aos outros com seu dom."

Quando você descobre seus dons e talentos e se posiciona a servir a humanidade através deles, você será procurado por muitos, e seu crescimento será sobrenatural. Você se tornará uma grande influência nessa área, se tornará um líder de fato. Quanto mais você serve a outros com seus dons, mais sua liderança crescerá. A verdadeira marca de um líder não é quantas pessoas o servem, mas a quantas pessoas ele serve.

Bem como o Filho do homem não veio para ser servido, mas para servir, e para dar a sua vida em resgate de muitos. Mateus 20:28

"Eu sou o exemplo", Jesus estava dizendo. "Olhe para mim, veja como faço. Qual é o meu dom? Por que vim ao mundo? Qual é o meu propósito?" Ele veio para se entregar, Ele veio para nos substituir, Ele veio para nos servir com seu maior dom: o dom da vida! Jesus se tornou grande e foi exaltado ao cumprir seu propósito, ao buscar seu chamado, ao dar sua vida e se tornar o maior servo que o mundo já encontrou. Aquele que tudo possuía, mas nada reteve. Tinha direito a tudo, mas nada requereu. Tudo podia, mas servo se tornou. O autor da vida, que decidiu morrer. Morrer para servir, para trazer mudança a outros, para ser capaz de vivificar a humanidade e fazer a vontade do Pai. Ele não mediu esforços ao servir, e Deus não mediu esforços ao exaltá-lo. Quando Ele se tornou o último, Deus o tornou o primeiro. Quando Ele escolheu a morte e a obediência, Deus o deu o trono e a autoridade.

Assim será também com cada um de nós. Podemos aplicar os princípios, podemos ser transformados, podemos nos relacionar e equipar aqueles ao nosso redor. Mas a chave espiritual que dará força e combustível ao nosso crescimento será encontrada quando nos tornarmos servos.

Então, veja bem, quais são os seus dons? Como você tem servido as pessoas ao seu redor? Quais são as habilidades, as experiências e os conceitos que estão dentro de você e que você pode utilizá-los para servir seus discípulos e aqueles que estão perto de você?

Quando você for capaz de encontrar essas características, meditar em Deus e descobrir como poderia servir mais, você então será elevado a um nível e uma posição de autoridade. Servir é a chave para a grandeza! Servir é a chave para o crescimento! Uma liderança servidora é demonstrada quando usamos nossos talentos, dons e habilidades para o bem de outros. Assim como Cristo, fomos chamados para servir, e isso nos levará ao máximo de nosso potencial.

> "Ele não mediu esforços ao servir, e Deus não mediu esforços ao exaltá-lo. Quando Ele se tornou o último, Deus o tornou o primeiro. Quando Ele escolheu a morte e a obediência, Deus o deu o trono e a autoridade."

Jesus conecta o "servir" com o "entregar a vida". Muitas vezes queremos servir, e até pensamos que já estamos servindo. Todavia, temos uma agenda secreta, servimos para que os benefícios sejam nossos. O ato de servir acontece quando entregamos nossa vida completamente. O servir, de acordo com a abordagem de Cristo, exige morte, entrega e desconforto. Não podemos decidir servir apenas quando é gostoso, quando é fácil e quando não nos traz dano. Jesus serviu ao entregar sua vida! Precisamos servir a ponto de colocar nossa vida, nosso conforto e nossas vontades em jogo.

Quer crescer? Quer se assentar em posições de autoridade e liderança? Comece hoje a reconhecer

> **Muitas vezes queremos servir, e até pensamos que já estamos servindo. Todavia, temos uma agenda secreta, servimos para que os benefícios sejam nossos.**

os dons que Deus deu a você. Reconheça seu propósito e chamado e, então, sirva a humanidade se entregando completamente a esse chamado. Se você busca a grandeza em Deus, não venha com essa história de meio período, de duas horas por dia ou de uma vez na semana. Entregue-se completamente, morra para sua própria vida, torne-se um servo como Cristo, e você se assentará em lugares altos em Deus.

Não estou dizendo que isso será fácil e simples. Jesus disse "*Pai, se possível passa de mim esse cálice*". Então, vemos que haverá momentos de angústia, de dificuldade, de tristeza, de desânimo e de choro. A liderança verdadeira e o discipulado R.E.A.L não são um mar de rosas. Mas, nesses momentos difíceis, em que a carne quer nos desviar e as circunstâncias nos parar, precisamos, também, dizer: "*Mas que seja feito a sua vontade*". E assim, deixar que Deus guie nossos passos e nossas decisões.

Servir sempre será o melhor caminho. Quando sua liderança e influência não estiverem passando por uma boa fase, decida servir aqueles ao seu redor. Sirva seus discípulos e Deus o colocará em posições de autoridade. Não estamos lidando com coisas naturais, o crescimento do reino de Deus é algo sobrenatural, profundo, sério e vital. Nossas orações, nosso tempo de meditação na Palavra e nossos momentos de louvor na presença de Deus nos fortalecerão e nos guiarão a um nível mais profundo de liderança e discipulado. Creio que, ao finalizar esse livro, você não terá todas as respostas de que precisa, mas será capaz de começar a fazer as perguntas corretas: Como tem sido meu relacionamento com meus discípulos? Quanto de investimento eles têm recebido? Quanto os tenho amado? Como tem sido minha liderança? O que tenho transmitido a eles? Por que tenho transmitido o que transmito?

Essas perguntas nos fazem avançar, crescer, tocar mais vidas e alcançar lugares mais profundos nas vidas que tocamos. Discipular é uma tarefa

> "Nossas orações, nosso tempo de meditação na Palavra e nossos momentos de louvor na presença de Deus nos fortalecerão e nos guiarão a um nível mais profundo de liderança e discipulado."

que veio do coração de Deus para nossos corações. Liderar é o chamado de cada crente, e faremos isso até o fim de nossas vidas. Minha oração é que, com o pouco que foi apresentado nesse livro, você possa trazer sua vida e a vida de seus discípulos à existência em um lugar mais alto. Que você possa caminhar diariamente meditando sobre como você poderia R.ELACIONAR, E.QUIPAR, A.MAR e L.IDERAR de forma mais eficaz e consistente.

Faça algo hoje: reúna-se e com seu discipulado, com seus líderes em treinamento e com as pessoas que Deus colocou ao ser redor. Ore por eles; separe alguns dias para que possam ler juntos esse material, discutir os temas, acrescentar detalhes e crescer JUNTOS. Esse livro não é para ser ministrado em uma sala de aula, mas para ser discutido, conversado e compartilhado em um *discipulado*. Fazendo assim, você estará multiplicando esses princípios, liderando, influenciando de forma eficaz e poderosa. Que Deus derrame mais graça e paz sobre sua vida e sobre seu discipulado.

Um abraço carinhoso,
Diego Andrade

Você se sentiu inspirado por esse livro?
Compartilhe comigo!
Meu email é: videiradiego@gmail.com
Estou aguardando seu contato!